GERMANIA

FSC
www.fsc.org
MIX
Papier aus verantwortungsvollen Quellen
Paper from responsible sources
FSC® C105338

Publius Cornelius Tacitus

GERMANIA

AuraBooks

– Bibliografische Information der Deutschen Nationalbibliothek –
Die Deutsche Nationalbibliothek verzeichnet diese Publikation in
der Deutschen Nationalbibliografie; detaillierte bibliografische Daten
sind im Internet über http://dnb.d-nb.de abrufbar.

IMPRESSUM

ISBN: 978-3756205158
Publius Cornelius Tacitus: Germania
Aus der Antike ist kein Titel des Werks überliefert,
später bürgerten sich zwei Varianten ein:
De origine et moribus Germanorum – Über Ursprung und Sitten der Germanen, und:
De origine et situ Germanorum – Über Ursprung und geographische Lage der Germanen
Entstehungsdatum: 98 n. Chr.
Originalausgabe 2022 (Print/eBook) by © AuraBooks®
Aus dem Lateinischen übersetzt von Paul Stefan
Vorwort © Armin Fischer (Herausgeber), 2022 | Nachwort: © Paul Stefan
Lektorat und Umschlaggestaltung: das_redaktionsbuero
Covermotiv: © Peter Nicolai Arbo (1831–1892)
Herausgeber: © AuraBooks | redaktion@aurabooks.de
Gesetzt aus der Garamond
Herstellung und Verlag: BoD – Books on Demand, 22848 Norderstedt
Dieses Buch gibt es auch als eBook,
z. B. im amazon Kindle Bookstore

INHALT

Vorwort des Herausgebers

»DEUTSCH ZU SEIN HEIẞT,
SICH ZU FRAGEN, WAS DEUTSCH SEI.«[1].

Dieser Satz des deutschen Denkers Friedrich Nietzsche bringt es wohl am knappsten auf den Punkt, was die Deutschen umtreibt, was sie vermissen und was sie suchen: Identität.

Denn wer sind wir? Abkömmlinge der Germanen? Jedoch die Germanen als Volk, viel weniger noch als Nation, gab es nie. Vielmehr war es eine Ansammlung von Sippen und Stämmen, die mehr oder weniger derselben Kultur angehören, mehr oder weniger dieselbe Sprache sprachen, aber darüber hinaus keine überregionale Klammer hatten. – Ein Kontinuum übrigens, das sich bis zur deutschen Kleinstaaterei des frühen 19. Jahrhunderts hinzieht.

Der Zeitfaden zwischen den alten Germanen und den heutigen Deutschen ist zerrissen, selbst der Name ›Germanen‹ verschwand im vierten nachchristlichen Jahrhundert vorübergehend wieder aus der Geschichte. Und nicht einmal, woher die Volksbezeichnung ›Germanen‹ kommt, weiß man.[2]

Wer war dann aber Arminius (später germanisiert zu Hermann), der germanische Held, der im Jahre 9 n. Chr. in der Varusschlacht den Römern Einhalt gebot? Der die Südländer derart hart traf, dass diese

---

1 Friedrich Nietzsche, in: *›Jenseits von Gut und Böse‹*, Leipzig 1886

2 »Kommt die Begrifflichkeit ›Germanen‹ aus dem Lateinischen – und ist sie ein Kürzel von *›verum germen nobilitatis‹*? ›Wahrer Kern der Vortrefflichkeit‹, wie die wörtliche Übersetzung heißt? Oder steckt in ihr, [...] der Name *Ger*? Jene kurze Lanze germanischer Soldaten [...]? Stammt der Name etwa aus dem Keltischen, dem Hebräischen, dem Illyrischen, dem Ligurischen? [...] Niemand weiß es.« – So der Journalist und Autor Georg Bönisch im Buch ›Die Germanen – Geschichte und Mythos‹, Deutsche Verlags-Anstalt, München 2013

von einer völligen Besatzung Germaniens (vorerst) absahen[3]? Nun, er hätte sich wohl kaum als Germane bezeichnet, wohl kannte er dieses Wort als Bezeichnung eines ›Volkes‹ nicht einmal. Er war Cherusker, Fürst einer jener zahlreicher ostrheinischer Stämme, die den Römern feindselig und widerspenstig gegenüberstanden. Erst die geistige Zusammenbindung all jener ferner Widersacher durch die Römer – allen voran durch Caesar, der in seiner Schrift über den gallischen Krieg erstmals die Germanen klar von den verwandten Galliern unterschied – *erschuf* die Germanen[4]. Und genau so sehen es heute viele Historiker: Ohne den Bezug zum Römerreich sind die ›Germanen‹ kaum denkbar.

Germanen, Deutsche – es gab sie also lange nicht. Jedenfalls nicht zweifelsfrei abgegrenzt von anderen Volksgruppen. Jedoch seit der Post-Renaissance beim deutschsprachigen Bürgertum in dem starken Wunsch, sich zu erfinden und als Volk zu spezifizieren. Die Suche nach ›Urhelden‹, die einen Nationalmythos begründen konnten, begann. Tacitus ›Germania‹ lieferte dafür die Blaupause, und der germanische Feldherr Arminius den Urhelden.[5]

---

[3] Tacitus nannte Arminius »ohne Zweifel den Befreier Germaniens«. Rückblickend ist das historisch nicht korrekt, denn die Römer planten nicht lange nach der Varusschlacht die vollständige Eroberung Germaniens, die dann jedoch aus anderen Gründen nicht umgesetzt wurde.

[4] Römische Autoren hatten zwar Kenntnis von germanischen Stämmen wie den Goten, den Sueben und den Teutonen, aber die Vorstellung der Germanen als *ein* Volk gab es vor Caesar nicht. Der britische Autor und Historiker James Hawes formuliert pointiert, Caesar habe die Germanen ›erfunden‹, in: ›Die kürzeste Geschichte Deutschlands‹, Ullstein, Berlin 2021 – Ähnlich Mischa Meier, Professor für Alte Geschichte in einem Interview mit dem Magazin ›Spiegel-Geschichte‹ 2/2013

[5] dadurch konnten sich auch die Deutschen das »Adelsprädikat eines Altertums [verleihen], das genauso weit zurückreichte wie das der Nationen, die sich von der lateinischen Antike ableiteten«, so der Sozialgeschichtler Michael Werner in: ›Deutsche Erinnerungsorte‹, Band III, C. H. Beck, 2001

Das Germanische, das Deutsche, es war somit für lange Zeit mehr ein Mythos als eine Tatsache. Und erst Bismarck schuf schließlich 1871 ein tatsächlich verbrieft existierendes erstes Deutsches Reich[6]. Bevor sich der Norddeutsche Bund und die süddeutschen Staaten im Jahr 1871 zusammentaten, um dieses ›Deutschland‹ zu bilden, hatte es keinen deutschen Nationalstaat gegeben.[7]

So ist der Deutsche in der Tat ein merkwürdiges Geschöpf: das keine rechte Wurzeln hat, die es doch so gerne hätte, schwankend zwischen Unsicherheit und Hybris – eine Hybris, die schließlich im ›Dritten Reich‹ kulminierte.[8]

Tacitus' ›Germania‹: sie spielt eine ganz besondere Rolle in dieser Genese einer Nation, denn sie bildete von Anbeginn das einzige konsistente ethnographische Werk über dieses Volk, das eigentlich keines war. Und sie prägte von Anfang an den Mythos des großen, starken,

---

[6] das jedoch von Beginn an an mangelndem Zusammenhalt krankte: Hier der römisch geprägte Südwesten, dort der preußisch geprägte Nordosten, mit der Elbe als kultureller Trennlinie – bis heute. Und nach neuesten Erkenntnissen der Evolutionsbiologie sogar als biologische Trennlinie: Denn zwei große Genom-Haplogruppen (vereinfacht: Varianten), die in Europa dominieren, stoßen ziemlich genau dort aneinander.

[7] Der Altphilologe Christopher B. Krebs dazu: »Als eine ›imaginierte Gemeinschaft‹ existierte die deutsche Nation unter Intellektuellen 400 Jahre lang in einem paradoxen Zustand des Vorgriffs, ehe sie als Nationalstaat verwirklicht wurde«; genaue Quelle siehe Fußnote 12

[8] »Bei der Herausbildung der Kernkonzepte der NS-Ideologie – Rassismus, Ideologie des Volkes und seines Geistes sowie eben dieser Germanenmythos – hat die ›Germania‹ des Tacitus eine bedeutende Rolle gespielt.« (Christopher B. Krebs)

blonden, blauäugigen und unerschrockenen Germanen. Unverdorben, ehrlich, rein[9], natürlich und freiheitsliebend.[10]

Nur zu gerne bedienten sich Nationalisten durch die Jahrhunderte hinweg dieser Klischees, obwohl es genau das sind: Klischees; und sie waren es bereits zu Tacitus' Zeiten: Denn mit seiner Überhöhung der Germanen kritisiert der römische Staatsmann und Historiker gleichzeitig die Zustände im dekadent und satt gewordenen, korrupten Rom.

So ist die ›Germania‹ im Lauf der Jahrhunderte seit ihrer Wiederentdeckung im Jahr 1455[11] von einem harmlosen politisch gefärbten ethnographischen Bericht zu einem ›gefährlichen Buch‹[12] geworden.

Mehr über den Autor *Publius Cornelius Tacitus* und die Rezeptionsgeschichte der *Germania* im Begleitwort von Paul Stefan.

---

[9] nach Tacitus unvermischt mit anderen Völkern

[10] Insgesamt galten die Germanen den Römern »als Barbaren, da sie weder über Schrift noch über Städte und geordnete Staatswesen verfügten. Ihre Sitten wurden einerseits als grob und ungehobelt bezeichnet, andererseits als unverdorben und naturnah durch die fehlenden Verführungen des großstädtischen Lebens.« (Aus dem Programmheft der Ringvorlesung ›2000 Jahre Varusschlacht‹, FU Berlin 2009)

[11] siehe dazu das Nachwort von Paul Stefan, dort auch mehr zum Autor Tacitus selbst

[12] so auch der Titel des bemerkenswerten Buches von Christopher B. Krebs: ›Ein gefährliches Buch – Die Germania des Tacitus und die Erfindung der Deutschen‹, Deutsche Verlags-Anstalt, 2013

GERMANIA

I. Land und Leute Germaniens im Großen und Allgemeinen

1. Grenzen des ganzen Landes

GANZ GERMANIEN scheiden die Ströme Rhein und Donau vom gallischen und rätisch-pannonischen Gebiet[13]; gegen Sarmater wie Daker[14] bilden Gebirge oder das Misstrauen hüben und drüben die Grenze. Das übrige umfließt in weiten Buchten der Oceanus, unermessliche Inseln umfangend; dort sind einige Völkerschaften und Herrscher neulich bekannt geworden, die ein Kriegszug erschloss. Der Rhein entspringt einem unzugänglich jähen Hang der Rätischen Alpen, wendet sich in mäßiger Biegung gegen Westen und mündet ins nördliche Meer. Die Donau strömt in dem sanft und gemächlich ansteigenden Gebirgszug Abnoba[15] hervor und kommt an mancherlei Völker heran, bis sie ins Pontische Meer in sechs Mündungen durchbricht. Ein siebenter Auslauf verliert sich in Sümpfen.

2. Die eigentlichen Germanen sind Urbewohner des Landes und stammen von dem erdgeborenen Gott Tuisco

Das Volk der Germanen scheint mir ureingeboren zu sein und ganz und gar nicht berührt durch Zuzug oder Aufnahme aus fremden Stämmen. Denn nicht zu Lande, sondern auf vielen Schiffen kamen

---

[13] Die römische Provinz *Rätien* reicht nördlich bis zur Donau, östlich zum Inn; von da bis zum Wienerwald Noricum; weiter zwischen Donau und Save Pannonien

[14] *Sarmater* in Osteuropa, etwa von der Weichsel an, *Daker* in Siebenbürgen

[15] *Abnoba*: Schwarzwald

in der Urzeit die Wanderer, die einen neuen Wohnsitz suchten; und ins unermessliche Meer dort droben, in eine, ich möchte sagen andere Welt gelangen Fahrzeuge aus unserem Erdkreis kaum. Und wer hätte denn auch, ungerechnet die Gefahr auf dem schauerlichen, unbekannten Meere, Asien, Afrika oder Italien[16] verlassen und nach Germanien ziehen mögen, in ein ungestaltes Land unter rauem Himmel, wüst zu bewohnen und anzuschauen für alle, die da nicht heimisch sind?

Sie feiern in alten Liedern, den einzigen Denkmälern ihrer Überlieferung und Geschichte, einen erdgeborenen Gott Tuisco[17] und seinen Sohn Mannus[18], den Urvater und Begründer ihres Stammes. Mannus habe drei Söhne gehabt, nach denen die Völker nächst dem Nordmeer Ingävonen, die im Innern Herminonen, die übrigen Istävonen genannt würden. Andere behaupten (spielt doch hier fernste Sage und Willkür), es habe mehr Söhne des Gottes, also auch mehr Volksbezeichnungen gegeben, Marsen, Gambrivier[19], Sueben, Vandilier, und das seien echte alte Namen.

Das Wort Germanien sei ziemlich neu und erst vor einiger Zeit aufgekommen: die ersten, die den Rhein überschritten und die Gallier vertrieben, jetzt Tungrer[20], seien damals Germanen genannt worden, und allmählich habe sich der Name eines einzelnen Stammes und nicht eines Volkes behauptet. So nämlich, dass zuerst die Sieger, der

---

[16] *Asien, Afrika, Italien*: römische Südprovinzen

[17] *Tuisco, auch Tuisto,* (wortverwandt: Zwist) ist zweigeschlechtlich

[18] *Mannus*: Mann, Mensch, der erste Mensch

[19] Die Namen der *Marser* (Merseburg) und *Gambrivier* verschwinden bald; sind es, wie *Sueben* und *Vandilier* (Ostgermanen), Kultverbände?

[20] Die *Tungrer* (Tongern) wurden (von den Kelten) *Germanen* genannt; sie drohten, wie auch andere germanische Stämme den Römern von jenseits des Rheins, um ihr Ansehen zu heben.

Schreckenswirkung zuliebe, der großen Gesamtheit den eigenen Namen beigelegt und dass die ihn dann angenommen und sich wirklich Germanen genannt hätten.[21]

3. Keine Zuwanderung von Außen

Es heißt auch, dass Herkules[22] bei ihnen gewesen sei, und sie singen von ihm als dem ersten aller Tapferen, wenn sie in den Kampf ziehen. Noch eine Art Schlachtgesang haben sie, dessen Vortrag, barditus[23] genannt, sie befeuert, ja den Ausgang der kommenden Schlacht in dem bloßen Klang ahnen lässt; denn sie schrecken oder erschrecken selbst, je nachdem es durch die Reihen dröhnt, gleich als wäre das nicht so sehr der Hall ihrer Stimmen als ihres Heldenmuts. Ein gewollt rauer Schall, ein jäh abbrechendes Brausen entsteht, wenn sie die Schilde vor den Mund halten, dass die Stimme rückprallend noch voller und tiefer schwelle.

Doch auch Ulixes[24], so meinen welche, habe auf seiner langen sagenreichen Irrfahrt, in jenes Nordmeer verschlagen, germanische Länder betreten; Asciburgium[25], am Ufer des Rheins gelegen und noch heute bewohnt, sei von ihm gegründet und benannt. Ja, ein Denkstein, der, von Ulixes errichtet, auch den Namen seines Vaters Laertes trage, sei vorzeiten an diesem selben Ort aufgefunden

---

[21] Die Völker rechts des Rheins hätten sich früher oder später wirklich so genannt (nach Karl Müllenhoff, Autor, siehe Nachwort und Fußnote 130)

[22] *Herkules*: wohl Donar

[23] *barditus*: möglicherweise wortverwandt mit ›Barde‹

[24] *Ulixes*: Odysseus

[25] *Asciburgium*: Römischer Garnisonsplatz am niederrheinischen Limes. Heute in Moers-Asberg zu lokalisieren *[red.]*

worden, und etliche Denk- und Grabmäler mit griechischer Schrift[26] gäbe es in der germanisch-rätischen Grenzmark noch heute. Dies alles mit Gründen zu stützen oder abzuweisen, habe ich nicht im Sinn: man schenke oder versage dem Glauben, wie es jedem beliebt.

4. Leibesbeschaffenheit der Germanen

Selber schließe ich mich denen an, die Germaniens Stämme, rein und vor jeglicher Mischung mit Fremden bewahrt, für ein eigenes, unverfälschtes, keinem anderen vergleichbares Volk nehmen. Daher auch, unerachtet der großen Menschenzahl, überall der gleiche Schlag: hellblaue trotzige Augen, rotblondes Haar, gewaltige Leiber, nur zu Tat und ungestümem Drängen taugend; mühsamer Arbeit sind sie nicht in gleichem Maße gewachsen. Durst und Hitze können sie gar nicht vertragen, Kälte aber und Hunger sind sie in ihren Breiten, auf ihrem Boden gewohnt.

5. Beschaffenheit des Landes, Nationalvermögen, Handel

Das Land sieht wohl nicht überall gleich aus; doch allenthalben starrt schrecklicher Urwald, dehnen sich hässliche Sümpfe. Es ist feuchter gegen Gallien hin, windiger gegen Noricum und Pannonien: Saatgut trägt es, Fruchtbäume gedeihen nicht, Vieh ist häufig, aber meist unansehnlich. Selbst nicht die Rinder haben ihr stattliches Wesen und ihren Schmuck an der Stirn: nur die Zahl der Herde erfreut, nur sie bildet das einzige und ein sehr geschätztes Vermögen. Silber und Gold haben die Götter ihnen nicht vergönnt (ob wohl aus Gunst oder Zorn?), doch möchte ich nicht behaupten, dass Germanien keine

---

[26] Die *Kelten* verwendeten teilweise griechische Schrift

Ader Silbers oder Goldes berge[27]; wer hätte danach gesucht? Es zu besitzen und zu brauchen, macht ihnen jedenfalls nicht viel aus. Man kann bei ihnen silbernes Gerät sehen (wie es ihre Gesandten und Fürsten als Geschenk erhalten), das sie nicht höher achten als irdenes.

Nur die Grenznachbarn wissen im Handelsverkehr Gold und Silber zu schätzen, erkennen gewisse Prägungen unseres Geldes als echt an und geben ihnen den Vorzug. Tiefer im Innern bleibt es beim einfachen alten Tauschhandel. Von dem Geld nehmen sie nur das alte, wohl bekannte gern, die Münzen mit gezahntem Rand und die mit dem Zweigespann. Auch halten sie sich mehr an das Silber als an Gold, nicht aus besonderer Vorliebe, sondern weil ihnen eine Anzahl von Silbermünzen[28] besser dient, wenn sie allerhand wohlfeile Ware erhandeln.

---

[27] Tacitus selbst erwähnt in den späteren Annalen, dass die *Mattiaker* (bei Wiesbaden) Silbergruben hatten. Ganz so uninteressiert an Gold und Silber waren also auch die Germanen nicht.

[28] Die erwähnten römischen Münzen, Silberdenare, wurden bis zum Jahre 54 v. Chr. geprägt; später hat sich der Feingehalt verschlechtert.

II. Schilderung des öffentlichen Lebens und Treibens der Germanen

6. Allgemein

SELBST EISEN haben sie nicht allzu viel, wie ihre Waffen zum Angriff zeigen. Wenige führen Schwerter oder längere Spieße; meist brauchen sie Speere (wie sie sagen, Framen) mit schmaler, kurzer Eisenspitze, aber so scharf und so handlich, dass sie dieselbe Waffe, je nach Bedürfnis, im Nah- wie im Fernkampf verwenden können. Der Reiter begnügt sich mit Schild und Frame, das Fußvolk schleudert auch Geschosse, jeder gleich mehrere, und wirft, nackt oder nur im leichten Mantel, unglaublich weit. Ihre Rüstung prunkt nicht; nur die Schilde bemalen sie unterschiedlich mit den buntesten Farben. Panzer haben sie kaum, Helme aus Erz oder Leder nur einer und der andere.

Die Pferde sind nicht durch Schönheit, nicht durch Geschwindigkeit ausgezeichnet, aber sie werden auch nicht wie bei uns zu vielerlei Wendungen abgerichtet: man treibt sie geradeaus oder schwenkt nur einmal nach rechts[29], in streng geschlossener Linie, so dass niemand zurückbleibt. Im ganzen ruht die größere Kraft im Fußvolk; darum streitet auch eine gemischte Schar, in der sich hurtiges Fußvolk, aus der gesamten Jungmannschaft erlesen, dem Reiterkampf schmiegsam anpasst, vor der übrigen Hauptmacht. Auch ihre Zahl ist bestimmt: es sind ihrer hundert aus jedem Gau, und Hunderter heißen sie bei den Ihren. Was also zuerst Zahl war, ist nun Name und Ehrenname geworden.

---

[29] Die Germanen galoppieren rechts, weil sich beim Galopp nach links die nicht vom Schild gedeckte Seite des Körpers dem Feinde zuwenden würde. Tatsächlich zeigen Gräberfunde den Sporn nur am linken Fuß. Der Keil kehrt seine Spitze dem Gegner zu.

Die Hauptmacht wird in Keilform aufgestellt. Vom Platze weichen gilt, wenn man nur wieder vordringt, eher für klug und nicht als Feigheit. Ihre Verwundeten bringen sie auch in bedenklichen Kämpfen in Sicherheit. Den Schild im Stiche zu lassen, ist der ärgste Frevel. Ein derart Ehrloser darf nicht mit opfern noch mit raten. Und schon mancher, der im Kriege davonkam, hat seine Schmach mit einer Schlinge beendet.

7. Kriegswesen, Könige und Heerführer, die Frauen im Krieg und die Prophetinnen

Könige[30] wählt man nach ihrem Adel, Führer nach ihrer Tapferkeit. Doch auch der Könige Macht ist nicht ohne Schranken, nicht Willkür, und die Führer wirken weit mehr durch ihr Vorbild als durch ihr Amt: wenn sie überall zur Hand, wenn sie allen sichtbar, wenn sie immer vorne kämpfen und zur Bewunderung fortreißen. Auch ist es ihnen nicht erlaubt, über Leben und Tod zu richten, noch fesseln zu lassen; ja selbst zu Schlägen verurteilen dürfen nur Priester, gleichsam als geschähe es nicht zur Strafe noch auf Befehl des Führers, sondern gewissermaßen auf Geheiß der Gottheit, die nach germanischem Glauben über den Streitenden waltet.

So nehmen sie auch Bilder und gewisse Götterzeichen aus den Hainen in die Schlacht mit, und ein besonders wirksamer Anreiz zur Tapferkeit ist es, dass nicht ein Ungefähr, nicht irgendeine Zusammenrottung Geschwader und Keile entstehen lässt, sondern dass Familien und Sippen zusammenhalten. Dann sind auch für jeden seine

---

30 *Könige und Fürsten* haben gleiche Befugnis, Fürst ist der König eines kleineren Gebietes. Der König wird aus dem Erbgeschlecht jedes Mal gewählt. Königtum und Fürstenherrschaft gehen geradezu ineinander über. Im Osten sind Könige häufiger. Der König ist Heerführer. Nur bei der Vereinigung mehrerer Heere wird ein König zum ›dux‹ gewählt (nach Müllenhoff, siehe Fußnote 130)

Lieben ganz nahe, und da hört er das schrille Geschrei der Frauen, das Wimmern der Kinder. Hier hat er die heiligsten Zeugen, hier das lauteste Lob: zur Mutter, zur Gemahlin kommt er mit seinen Wunden, und die schrecken nicht zurück, zählen und prüfen sie ihm und bringen den Kämpfern Speise und Zuspruch.

Es ist uns überliefert, dass Frauen, mehr als einmal, schon wankende und weichende Reihen durch ihr unablässiges Flehen, die Brüste entblößend[31] und auf die drohende Gefangenschaft deutend, wieder hergestellt haben. Denn ihre Frauen gefangen zu denken, ist ihnen ganz unerträglich, und das geht so weit, dass Völkerschaften, die unter ihren Geiseln auch adlige Mädchen stellen müssen, wirksamer gebunden sind.

Ja, sie schreiben den Frauen etwas Heiliges, Seherisches zu und verschmähen nicht ihren Rat, überhören nicht ihren Bescheid. Wir haben gesehen, wie zu des erlauchten Vespasianus[32] Zeit Veleda[33] weit und breit als göttliches Wesen galt. Aber auch früher haben sie Albruna[34] und manche andere Frau verehrt, doch nicht aus Schmeichelei, noch als machten sie Göttinnen aus ihnen.[35]

---

[31] *die Brüste entblößend*, als Mahnung: der Leib soll nicht fremden Siegern gehören

[32] *Vespasian*, 9 bis 79 n. Chr., römischer Kaiser *[red.]*

[33] *Veleda*: germanische Seherin vom Stamm der Brukterer zur Zeit Vespasians. Historische Bedeutung kommt ihr durch ihre Beteiligung am Bataveraufstand zu, in dem sie den Sieg für die aufständischen Germanen weissagte.

[34] *Albruna (lat.)*: germanische Seherin, kurz nach Christi Geburt

[35] *als machten sie Göttinnen aus ihnen*: ... nicht etwa wie die römischen Senatoren, die so den Frauen der Kaiser schmeichelten ... könnte Tacitus hier angedeutet haben

8. Die Götter und ihr Kultus

Unter den Göttern verehren sie am höchsten den Mercurius[36]; sie glauben, ihm an bestimmten Festen auch Menschenopfer bringen zu dürfen. Mars und Herkules versöhnen sie nur mit erlaubten Tieren. Ein Teil der Sueben dient auch der Isis[37]. Anlass und Ursprung dieser fremden Anbetung kann ich nicht recht erklären; nur zeigt gerade das Sinnbild, einem Liburnerschiff[38] gleichend, dass sie über die See eingedrungen ist. Übrigens widerstrebt es ihrer Anschauung von der Größe der Himmlischen, die Götter in Mauern zu sperren und mit menschlichen Zügen abzubilden. Sie weihen ihnen Wälder und Haine und rufen mit Götternamen jene geheime Macht an, die sie nur in entrückter Andacht schauen.

9. Die Wahrsagung

Auf Vorzeichen und Losdeutungen achten sie wie nur irgendein Volk. Das Verfahren beim Losen ist einfach. Sie schneiden den Zweig von einem wilden Fruchtbaum[39] zu Stäbchen, ritzen auf jedes ein bestimmtes Zeichen und streuen sie aufs Geratewohl über ein weißes Tuch hin. Dann hebt, wenn in gemeiner Sache Rat gesucht wird, der Priester, wenn in Sachen einzelner, das Familienhaupt, mit einem Gebet zu den Göttern gegen Himmel aufblickend, nacheinander drei Stäbchen auf und deutet sie gemäß dem zuvor eingeschnittenen Mal. Sind sie nicht günstig, so wird in derselben Sache am gleichen Tage nicht mehr befragt, wenn aber günstig, noch die Bestätigung durch Vorzeichen gefordert. Und zwar ist auch hier geläufig, Vogelstimmen

---

[36] *Mercurius* (besonders als Totenführer): Wotan (dies Mercurii = Wednesday). *Mars*: Tiu, Ziu (dies Martis = Tuesday). *Herkules*: Donar

[37] *Isis*: vielleicht Freya

[38] Die *illyrischen Liburner* hatten leichte Schiffe

[39] *Wilder Fruchtbaum*: Eiche, Buche, Haselstrauch, Wacholder

und Vogelflug zu erkunden: eigentümlich aber ist diesem Volke, auch auf die Ahnungen und Warnungen von Pferden[40] zu achten.

In den gleichen Hainen und Wäldern, deren ich schon gedachte, werden auf Kosten der Gemeinschaft weiße Rosse gehalten, von keiner irdischen Arbeit berührt. Nun spannt man sie vor den heiligen Wagen, und der Priester mit dem König oder Fürsten geht nebenher und merkt auf ihr Wiehern und Schnauben. Und kein anderes Vorzeichen findet größeren Glauben, nicht nur im niederen Volk, sondern auch bei den Vornehmen und Priestern. Diese halten sich wohl für die Mittler der Gottheit, die Rosse aber für ihre Vertrauten.

Dann gibt es noch eine Art Schicksalserforschung, durch die sie den Ausgang schwerer Kriege erfahren wollen. Aus dem Volk ihrer Gegner stellen sie einen Gefangenen, den sie irgendwie aufgegriffen haben, einem auserlesenen Kämpfer des eigenen Volkes gegenüber, jeden mit seinen heimischen Waffen: der Sieg des einen wie des anderen gilt als Vorbedeutung.

10. Die Volksversammlung und die Hohen

Über geringere Sachen beraten die Fürsten, über wichtigere die Gesamtheit, jedoch so, dass auch, was das Volk entscheidet, im Rat der Fürsten vorbesprochen wird. Sie kommen, außer wenn ein unerwarteter Zufall eintritt, in bestimmten Fristen zusammen, zum Neumond oder zum Vollmond; denn diese Zeiten scheinen ihnen besonders günstig für den Beginn eines Unternehmens. Sie zählen auch nicht wie wir die Tage, sondern die Nächte. Darnach wird anberaumt und zugesagt: die Nacht führt gleichsam den Tag herauf. Ihre ungeregelte Freiheit hat das Missliche, dass sie nicht gleichzeitig und nicht nach dem Geheiß beisammen sind, sondern dass oft ein zweiter,

[40] der Glaube an *Zeichen durch Pferde* ist auch bei Persern und Slaven bekannt

ein dritter Tag mit dem Warten auf Säumige hingeht. So wie es der Schar genehm ist, setzen sich alle, in Waffen. Die Priester, die hier auch das Recht zu ahnden haben, gebieten Schweigen. Darauf findet der König oder Fürst Gehör, jeder[41] nach seinem Alter, Adel, Kriegsruhm und Redevermögen, mehr nach dem Gewicht seines Rates als nach der Macht zu befehlen. Missfällt der Antrag, so wird er durch Murren verworfen; gefällt er, so schlagen sie mit den Framen aneinander. Das ehrenvollste Zeichen des Beifalls ist Lob mit den Waffen.

11. Die Gerichte

Vor dieser Versammlung darf auch Klage angebracht und peinliches Gericht begehrt werden. Die Strafen scheiden sich nach dem Verbrechen. Verräter und Überläufer hängen sie an Bäumen auf, Feige, Weichlinge und am Körper Geschändete[42] versenken sie in Schlamm und Morast und werfen Flechtwerk darüber. Die Verschiedenheit der Todesart deutet darauf, dass man Frevel[43] durch die Strafe gleichsam kundtun, Schandtaten verbergen müsse. Aber auch für leichtere Vergehungen gibt es angemessene Strafe: die Überwiesenen werden um eine Anzahl von Pferden und Vieh gebüßt. Ein Teil der Buße wird dem König oder Gemeinwesen, der andere dem, der sein Recht erhält, oder seinen Verwandten geleistet. In den gleichen

---

[41] *Jeder*: Karl Müllenhoff folgert aus dem grammatischen Sinn, dass nur ›rex vel princeps‹ reden durften, nicht *jeder* Teilnehmer. Aber jedenfalls Klagen vorbringen konnte (›licet accusare‹)

[42] *Am Körper Geschändete*: ›widernatürliche‹ Männer, aber wohl auch ›entehrte‹ Frauen, für die sich die Todesstrafe noch lange erhalten wird. Das ›Versenken‹ ist eine Strafe gegen Frauen, daher besonders schimpflich

[43] *Frevel* – Schandtat: das germanische Rechtsbewusstsein nimmt die offene, nicht verheimlichte Tat, ohne List, leichter hin

Versammlungen werden auch die Fürsten[44] bestimmt, die in Gauen und Dörfern Recht sprechen. Jedem solchen treten hundert Männer aus dem Volke als Rat und Beistand zur Seite.

12. Das Waffenleben und die Gefolgschaften

Nie aber, ob sie nun Geschäfte des Gemeinwesens oder eigene besorgen, erscheinen sie anders als gewaffnet. Doch soll niemand die Waffen anlegen, ehe ihn nicht die Gemeinde für wehrhaft erklärt hat. Dann schmückt gleich in der Versammlung entweder ein Fürst oder der Vater oder ein Verwandter den Jüngling mit Schild und Frame. Das ist dort die Toga, das des jungen Mannes erste Ehrung; bis dahin gilt er als Glied des Hauswesens, nunmehr der Gemeinschaft.

Vornehme Abkunft oder hohes Verdienst des Vaters sichert die Fürstengunst auch noch nicht Mannbaren. Solche schließen sich dann den übrigen, Älteren, längst schon Bewährten an. Und es ist für niemand beschämend, in einem Gefolge zu erscheinen. Ja im Gefolge selbst gibt es noch eine Rangordnung nach dem Ermessen des Gefolgsherrn, und groß ist der Wetteifer der Mannen um den ersten Platz zunächst dem Fürsten, wie auch der Fürsten um das zahlreichste und mutigste Gefolge. Das bringt Würde, bringt Macht: immerzu von einer großen Schar erlesener Jugend umgeben zu sein; im Frieden eine Zier, im Kriege Schirm und Schutz. Aber nicht nur bei seinem Stamm, sondern auch in den Nachbargauen wird bekannt und berühmt, wer sich durch Zahl und Wert seines Gefolges hervortut. Gesandte suchen ihn auf, er erhält Geschenke, und schon sein Ruf kann oft Kriege niederschlagen.

---

[44] nämlich aus der Zahl der vorhandenen Fürsten. Recht sprechen ist römische, nicht germanische Auffassung; nach dieser leitet der Fürst (später Gaugraf) nur die Volksverhandlung, der Rat macht den Urteilsvorschlag, der Beistand gibt das ›Vollwort‹: sie ›finden‹ das Recht, der entsendete Richter tut nur den Spruch.

Kommt es zum Kampf, so ist es ein Schimpf für den Fürsten, sich an Tapferkeit übertreffen zu lassen, ein Schimpf fürs Gefolge, es der Tapferkeit des Führers nicht gleichzutun. Höchste Schmach und Schande vollends ist es für das ganze Leben, ohne den Herrn lebend vom Kampffeld zu weichen: ihn zu verteidigen, ihn zu behüten, ja die eigene Heldentat seinem Ruhm zuzurechnen, ist vornehmste Eidespflicht. Fürsten kämpfen für den Sieg, das Gefolge für den Fürsten.

Wenn ihre Heimat in langem, müßigem Frieden verkommt, dann ziehen adlige Jünglinge oft auf eigene Faust hinaus zu anderen Völkern, die gerade Krieg führen. Denn ein ruhiges Leben gefällt diesem Volke nicht, in der Gefahr finden sie leichter Ruhm, und man kann auch ein großes Gefolge nur durch Gewalt und Krieg erhalten; heischen doch die Mannen von der Milde des Fürsten das Streitross und die blutige, siegbewährte Frame.

Auch ersetzt ja die Speisung und grobe, aber reichlich ausgerichtete Bewirtung den Sold: solcher Freigebigkeit schafft Krieg und Raub die Mittel. Den Acker zu pflügen und die Jahreszeit abzuwarten, würde sie keiner so leicht überreden; viel eher den Feind zu fordern und sich Wunden zu holen. Ja, es dünkt ihnen wohl faul und schlapp, im Schweiß zu erarbeiten, was mit Blut zu gewinnen wäre.

13. Das Leben und die Haltung der Kriegsmänner und Häuptlinge

Wenn sie nicht Krieg führen, so verbringen sie ihre Zeit auf der Jagd, häufiger noch müßig, einzig dem Schlaf und dem Schmaus ergeben. Gerade die Tapfersten und Kriegstüchtigsten tun gar nichts und überlassen die Sorge um Heim und Herd und Flur den Frauen und Greisen oder recht den Gebrechlichsten aus der Sippe; sie selber sehen stumpf und träge zu. Sonderbarer Zwiespalt ihres Wesens, dass ganz die gleichen Menschen so sehr das Nichtstun lieben und doch die Ruhe hassen!

Es ist Sitte, dass die Gemeindegenossen freiwillig, jeder für sich, den Fürsten Vieh und Korn beisteuern, was, zwar als Ehrengabe empfangen, doch auch dem Bedarf zustatten kommt. Besonders freuen sie sich mit Geschenken benachbarter Völker, wie sie nicht nur von einzelnen, sondern auch im Namen einer Gemeinschaft gesendet werden, erlesenen Pferden, prächtigen Waffen, Brustschmuck[45] und Ringen. Schon haben wir sie auch Geld[46] zu nehmen gelehrt.

---

45 *Brustschmuck* (phalerae) ähnlich Orden oder Medaillons

46 *Geld*: römische Kaiser (Caligula, Domitian) schließen um Geld mit den Germanen Frieden oder erkaufen Triumphe

III. Schilderung des privaten Lebens der Germanen

14. Wohnsitze und Häuser

DASS DIE GERMANISCHEN STÄMME nirgends Städte bewohnen, ist genugsam bekannt, auch dass sie selbst geschlossener Siedlung abhold sind. Sie bauen ohne Richtung und Ordnung, wo ihnen eben ein Quell, eine Flur, ein Gehölz gefällt. Wohl legen sie Dörfer an, aber nicht nach unsrer Art mit verbundenen Gebäuden, in einem Zusammenhang: jeder für sich umgibt sein Haus mit einem freien Raum, vielleicht[47] zum Schutz gegen Feuersgefahr, vielleicht weil er nicht besser zu bauen versteht.

Selbst Bruchsteine und Ziegel sind ihnen unbekannt; überall verwenden sie ungefüges Holz, unbekümmert um Gefallen und Ansehen. Doch überstreichen sie einzelne Stellen recht sorgfältig mit einer Erdart von so reinem Glanz, dass es wie Bemalung und farbige Zeichnung wirkt. Auch graben sie unterirdische Höhlen und legen eine dichte Dungschicht darüber hin: als Zuflucht für den Winter und als Vorratsspeicher. Denn solche Räume mildern die strengen Fröste; und fällt einmal der Feind ins Land, so plündert er zwar, was offen daliegt, vom geborgenen und vergrabenen Gut jedoch erhält er nicht Kunde, oder es entgeht ihm gerade darum, weil er's erst suchen müsste.[48]

15. Kleidung

Als Überwurf tragen alle einen kurzen Rock, der von einer Spange, wo sie mangelt, von einem Dorn zusammengehalten wird. Sonst unbedeckt, verbringen sie ganze Tage am Herdfeuer. Nur sehr Wohl-

---

[47] möglicherweise auch aus Unabhängigkeits-Streben

[48] Der Schlusssatz sucht die gewohnte Zuspitzung am Ende eines Abschnittes

habende haben zudem noch ein Kleid[49], das aber nicht, wie bei den Sarmatern und Parthern weit herabfließt, sondern eng anliegt und jedes Glied hervortreten lässt. Man trägt auch Pelze, nächst den Stromgrenzen ziemlich achtlos; weiter im Innern wenden sie besondere Sorgfalt daran, weil ihnen kein Handel anderen Putz bringt. Sie wählen unter dem Wild und verbrämen die abgezogenen Hüllen mit dem gefleckten Fell von Tieren, die am Nordmeer und an unbekannten Gestaden daheim sind. Frauen tragen sich nicht anders als Männer; nur gehen sie gewöhnlich in Linnengewänder gehüllt, die mit roten Säumen verziert sind. Ihre Kleidung läuft oben nicht in Ärmel aus; Schultern und Arme sind bloß, aber auch ein Teil der Brust bleibt unverhüllt.

16. Die Ehe

Doch ihre Ehesitten sind streng und in ihrer ganzen Lebensführung wohl am meisten zu loben. Denn fast allein bei diesem Barbarenvolk begnügt sich jeder mit einer Frau, von ganz wenigen Männern abgesehen, die nicht ihre Lust befriedigen wollen, sondern wegen ihrer hohen Stellung mehrfach umworben werden[50].

---

[49] *Kleid*: die Unterkleidung, unter dem Rock, geht nach Baumstark [siehe Fußnote 130] unten (auch bei Frauen?) in Hosen aus. Bei Frauen, namentlich aber bei vornehmen, gab es trotzdem Unterschiede in der Kleidung (vgl. die Germanin, sog. Thusnelda der Loggia dei Lanzi in Florenz): lang herabwallende Kleidung bis zu den Füßen. Ihre Kleidung läuft oben nicht in Ärmel aus wie in Rom. Die germanischen Männer wiederum hatten Ärmel, wenn auch kurze. Das Frauengewand wird nur an der Schulter zusammengehalten; der Armschlitz lässt die Brust zum Teil sichtbar werden.

[50] *Umworben werden* von den Familien der Mädchen

Eine Mitgift[51] bringt nicht die Frau dem Manne, sondern der Mann der Frau. Dazu finden sich Eltern und Verwandte ein und prüfen die Geschenke. Geschenke aber, die nicht als Weibertand noch zum Schmuck für die Neuvermählte dienen sollen; sondern Rinder und ein aufgezäumtes Ross und ein Schild samt Frame und Schwert.

Auf diese Geschenke hin nimmt der Mann die Frau entgegen, und dafür bringt sie selber dem Mann auch ein Rüststück zu: dies gilt ihnen als das stärkste Band, dies als geheime Weihe, dies als Segen der Ehegötter. Auf dass sich das Weib nicht fremd in einer Welt von Männergedanken und wechselndem Kriegsglück erachte, wird es schon am feierlichen Beginn der Ehe ermahnt, dass es als Gefährtin in Mühsal und Gefahr gekommen sei, bestimmt im Frieden wie im Kriege mit zu dulden und mit zu wagen: also verkünden das Rindergespann, das gerüstete Ross, die dargereichten Waffen. So müsse sie leben, so in den Tod gehen; was sie empfange, solle sie unentweiht und in Ehren ihren Söhnen wiedergeben, dass es dann die Schwiegertöchter übernähmen und noch die Enkel erbten.

So leben die Frauen, von ihrer Keuschheit umhegt, nicht verderbt von den Lockungen des Schauspiels[52] noch von den Reizungen der Gelage; und von geheimen Briefschaften weiß weder Mann noch Weib. Höchst selten kommt es in dem so zahlreichen Volk zu Ehebruch; und dann folgt die Strafe unmittelbar und ist dem Mann überlassen. Mit abgeschnittenem Haar, entblößt, vor den Augen der Verwandten jagt er das Weib aus dem Hause und peitscht sie

---

51 *Mitgift* – Geschenke: Tacitus merkt nicht, dass er vom Brautkauf erzählt; die Mitgift ist der Preis. Das Gegengeschenk der Braut (etwa ein Speer) ist das Zeichen für den Übergang der Gewalt vom Vater an den Ehemann. Alles dies vermengt Tacitus mit den Vorstellungen und Formeln der confarreatio, der strengen altrömischen Ehe.

52 *Schauspiel*: Tacitus spielt auf das römische Theater an, mit seinem mehr als eindeutigen Getriebe

mit Ruten durchs ganze Dorf. Und für preisgegebene Keuschheit gibt es keine Verzeihung: nicht Schönheit, nicht Jugend, nicht reiche Habe könnte ihr einen Mann gewinnen. Denn dort lacht niemand über das Laster, und Verführen und Sich-Verführenlassen heißt nicht »der Geist der Zeit«. Besser steht es gewiss noch um Völkerschaften, bei denen nur Jungfrauen heiraten und mit der Hoffnung und dem Gelübde der Ehefrau einmal für immer abschließen. So erhalten sie einen Mann, wie sie einen Leib und ein Leben erhalten haben, auf dass sich kein Gedanke darüber hinaus, kein Begehren weiter verirre, dass sie gleichsam nicht den Ehegemahl, sondern die Ehe selber lieben. Die Zahl der Kinder zu beschränken oder ein nachgeborenes zu töten, gilt als verruchte Tat; mehr vermögen dort gute Sitten als anderswo gute Gesetze.

17. Familie und Familienrecht

In jedem Hause wächst, nackt und ungepflegt, die Jugend zu dieser Größe, zu diesem Wuchs heran, über den wir staunen. Jedem Kind gibt die eigene Mutter die Brust, und es wird nicht Mägden und Ammen überlassen. Freie scheidet von Unfreien keinerlei feinere Erziehung: die einen wie die anderen treiben sich mit den Tieren auf dem Boden herum, bis das Alter die Freigeborenen scheidet und ihr Adel sie kenntlich macht. Spät erfahren junge Männer die Lust; daher ihre unerschöpfte Kraft. Auch die Mädchen werden nicht gedrängt; in gleicher Jugend, von ähnlicher Gestalt, ebenbürtig an Kraft und Gesundheit, geben sie sich dem Gemahl, und von der Stärke der Eltern zeugen die Kinder.

Schwestersöhne sind dem Oheim nicht minder wert als dem Vater. Etliche halten dieses Blutsverhältnis noch für heiliger und enger und fordern, wenn sie Geiseln nehmen, besonders solche Kinder, als hätten sie damit das Gewissen stärker und die Familie in weiterem Kreise verpflichtet. Erben aber und Nachfolger sind jedem die eigenen Kinder, und es gibt kein Testament. Fehlt es an Kindern, so folgen im nächsten Glied die Brüder, Väter- und Mütterbrüder. Je mehr Blutsverwandte, je weiter die Verschwägerung, desto freundlicher das Leben im Alter; Kinderlosigkeit hat keine Lockungen.[53]

18. Blutrache, Fehdewesen, Behandlung der Fremden

Der Erbe muss auch die Fehden des Vaters oder eines Blutsverwandten übernehmen, gleichwie die Freundschaften. Aber sie dauern nicht unversöhnlich fort: sühnt man doch selbst den Totschlag durch eine bestimmte Anzahl von Groß- und Kleinvieh, und das ganze Haus nimmt die Genugtuung an; das kommt dem Gemeinwesen zugute, denn bei solcher Ungebundenheit sind Einzelfehden besonders gefährlich.

Für Gelage und Bewirtungen zeigt kein anderes Volk so hemmungslose Neigung. Irgendeinen Menschen, wer es auch sei, vom Hause zu weisen, gilt als Frevel; je nach Vermögen rüstet jeder dem Fremden das Mahl. Wenn das Seine verzehrt ist, weist der Gastgeber den Weg zu einem anderen Gastfreund und gibt dahin das Geleit. So treten sie ungeladen ins nächste Haus. Da liegt nichts dran; mit gleicher Freundlichkeit werden sie aufgenommen. Bekannt oder unbekannt: im Gastrecht unterscheidet man nicht.

Beim Abschied gehört es sich, dem Gaste zu bewilligen, was er sich etwa ausbittet, und eine Gegenbitte wird ebenso unbefangen gestellt. Die Geschenke machen ihnen Freude; aber was sie geben, rechnen sie nicht an, und was sie empfangen, schafft keine Verpflichtung. Wohlwollen nur kettet Gastfreund an Gastfreund.

---

[53] In diesem Absatz gibt es Anspielungen auf die Erziehung durch Sklaven in Rom und auf die Erbschleicherei bei Kinderlosen

19. Charakter der Gastmähler

Gleich vom Schlaf weg (den sie meist bis in den Tag hinein ausdehnen) baden sie, öfters warm, weil es bei ihnen die längste Zeit Winter ist. Auf das Bad folgt ein Imbiss; jeder hat seinen besonderen Sitzplatz und seinen eigenen Tisch. Dann gehen sie an ihre Geschäfte oder auch, nicht minder häufig, zum Gelage, immer in Waffen. Tag und Nacht durchzuzechen, bringt keinem Schande. Häufig gibt's, wenn sie da trunken sind, Streit, und der bleibt selten bei Worten, sondern endet recht oft mit Wunden und Totschlag.

Aber auch die Versöhnung des Feindes mit dem Feind, neue Schwägerschaft, Anschluss an Fürsten und sogar Krieg und Frieden wird gewöhnlich beim Trinkgelage beraten, als ob zu keiner anderen Zeit der Sinn unbeeinflusster Überlegung besser zugänglich wäre oder leichter entflammt für große Gedanken. Ein Volk ohne Arg und Falsch, eröffnet es noch[54] die Geheimnisse seiner Brust bei ungezwungenen Scherzen. Haben nun alle ihre Meinung ohne Rückhalt aufgedeckt, so wird sie am nächsten Tag noch einmal geprüft, und jeder Zeit widerfährt ihr Recht: sie beraten, wenn sie keiner Verstellung fähig sind, beschließen, wenn sie nicht irren können.

---

[54] die Römer, so meint Tacitus, halten sich selbst eher zurück. Überhaupt ist in diesem Kapitel fast jeder Satz eine Anspielung auf römische Sitten. Die Römer stehen früh auf, speisen lieber an einem gemeinsamen Tisch, dürfen in der Stadt nicht bewaffnet gehen und sollen nicht vor Abend trinken.

20. Nahrungsmittel

Ihr Getränk ist ein Saft aus Gerste oder Weizen[55], zu einer Art von Wein vergoren. An der Ufergrenze[56] erhandeln sie auch Wein. Die Kost ist einfach, wilde Früchte, frisches Wildbret, geronnene Milch. Ohne Aufwand, ohne Würzen stillen sie gerade ihren Hunger. Gegen den Durst haben sie nicht die gleiche Mäßigkeit. Wer hier ihrem Hang Vorschub leistete und ihnen zu trinken verschaffte, so viel sie begehren, der könnte sie einmal durch ihre Ausschweifung fast leichter als mit bewaffneter Hand überwinden.

21. Lustversammlungen, Schwerttanz, Spielsucht

Es gibt nur eine Art von Schauspiel, und die ist bei jedem Feste gleich. Nackte Jünglinge, die es zum Vergnügen tun, schwingen sich im Tanz zwischen Schwertern und drohenden Framen. Übung hat sie gewandt gemacht, Gewandtheit anmutig; doch suchen sie nicht Erwerb und Lohn: ihres so verwegenen Spieles Preis ist die Freude der Zuschauer. Aber merkwürdig sind sie beim Würfeln, treiben es nüchtern, wie ein ernstes Geschäft, und mit so toller Leidenschaft bei Gewinn und Verlust, dass sie, wenn alles hin ist, im letzten entscheidenden Wurf Freiheit und Leben setzen. Und wer verliert, wird freiwillig Sklave; sei er auch jünger und stärker, er lässt sich geduldig binden und verkaufen. Das ist ihr Starrsinn noch am verkehrten Ende: sie aber nennen es Treue. Sklaven dieser Art übergeben sie dem Handel, um auch selbst der Beschämung über den Gewinn ledig zu werden.

---

[55] Bier

[56] die *Ufergrenze* wohl nur des Rheins ist hier gemeint; denn die Sueben an der Donau dulden keinen Wein, weil die Händler als Gegenwert Sklaven fortschleppen

22. Sklaven

Ihre andern Sklaven[57] stellen sie, anders als wir, nicht zu genau verteiltem Gesindedienst an; sondern jeder schaltet auf eigenem Anwesen, am eigenen Herd. Der Herr legt ihm nur eine bestimmte Leistung an Getreide, Vieh oder Zeug auf, wie wir unseren Pächtern, und nur so weit geht die Pflicht des Hörigen. Sonst besorgen die Geschäfte des Herrenhauses die Frau und die Kinder. Dass der Sklave gepeitscht, gefesselt und mit Zwangsarbeit gestraft wird, ist selten. Eher noch schlägt der Herr einen tot, nicht zur Strafe oder aus Strenge, sondern im aufwallenden Jähzorn: wie einen Feind, nur dass es hier ungesühnt bleibt.

Die Freigelassenen stehen nicht viel höher als Sklaven. Selten haben sie einigen Einfluss im Haus, nie in der Gemeinde, ausgenommen bei den Stämmen, die Königen botmäßig sind. Dort nämlich steigen sie wohl über die Freigeborenen und selbst über Adelige empor. Bei den anderen zeugt die Unebenbürtigkeit der Freigelassenen für die Freiheit des Volkes.

23. Ackerbau

Geld auf Zins zu verleihen und Wucher zu treiben, ist ihnen unbekannt und darum besser verhütet[58], als wenn es verboten wäre. Ackerland wird[59], entsprechend der Zahl derer, die es anbauen wollen, von der Gesamtheit, immer in neuem Ausmaß besetzt und dann jedes

---

57 Tacitus denkt hier nur an die ›Hintersassen‹ (von einem Grundherrn abhängige und rechtlich vertretene Bauern); es gibt aber auch Haussklaven. Im folgenden dann Anspielungen auf das Treiben der Freigelassenen in Rom

58 *Besser verhütet*: Karl Müllenhoff und Anton Baumstark (siehe Fußnoten 130 und 134) können diesen Satz nur durch Flüchtigkeit erklären

59 Die folgende Schilderung der Anbauverhältnisse, von allen Seiten her erläutert, ist nach Müllenhoff übersetzt

Mal unter die einzelnen nach ihrem Range aufgeteilt. Die Größe der Gefilde macht solche Teilung leicht. Mit der Anbaufläche wechseln sie Jahr für Jahr, und noch immer bleibt Ackerland brach. Denn ihre Arbeit wetteifert nicht mit der Fruchtbarkeit und der Ausdehnung ihres Bodens, so etwa, dass sie Obstgärten anlegen, Wiesen ausscheiden, Gärten bewässern würden; einzig Getreide fordern sie der Erde ab. Und so teilen sie auch das Jahr nicht in unsere vier Zeiten[60]; nur für Winter, Frühling und Sommer haben sie den Begriff und die Worte; vom Herbst kennen sie weder Namen noch Gaben.

24. Tod und Begräbnis

Leichenbegängnisse wollen nicht prunken: nur darauf wird geachtet, dass man die Reste bedeutender Männer mit Holz von bestimmten Arten verbrenne. Auf den Holzstoß häufen sie nicht Teppiche noch Räucherwerk; immer werden die Waffen, zuweilen auch das Streitross ins Feuer mitgegeben. Ein Rasenhügel bildet das Grab. Ragender Denkmäler kunstreiche Pracht verschmähen sie, als drückend für die Verstorbenen. Von Klagen und Tränen lassen sie bald, von Schmerz und Wehmut lange nicht. Frauen ziemt Trauer, Männern Erinnerung.

So viel habe ich allgemein über Herkunft und Sitten des ganzen Germanenvolkes erfahren. Nun will ich die Unterschiede in den Einrichtungen und Bräuchen der einzelnen Stämme und die Einwanderungen aus Germanien ins gallische Land erörtern.

---

60 *Nicht in vier Zeiten*: sondern in Winter und Sommer. So zählen sie auch, also nach halben Jahren. Doch ist Herbst ein altgermanisches Wort; nur brachte die Getreideernte bei den Germanen freilich schon der Sommer. Wein und edles Obst aber kannten sie nicht. Daher wohl der Irrtum des Textes.

IV. Besonderer völkerschaftlicher Teil

25. Gallier auf der rechten Seite des Rheins und Germanen auf der linken Seite

DASS GALLIENS MACHT vorzeiten größer war, meldet der beste Gewährsmann, der erlauchte Julius [Cäsar][61]; und so darf man wohl glauben, dass auch Gallier nach Germanien hinübergedrungen sind. Denn welch geringes Hindernis bot nicht ein Strom, wenn eines der Völker, eben im Gefühl seiner Macht, her- und hinüber zog und da blieb, wo das Land noch frei und zu keinem Bereich abgegrenzt war? So haben denn in dem Land zwischen Herzynischem Wald[62] und Rhein- und Mainstrom die Helvetier, weiter hinaus die Bojer gewohnt, beides gallische Stämme. Noch lebt der Name Boihaemum und gemahnt an die Vorgeschichte des Landes, obschon seine Siedler gewechselt haben.

Ob aber die Aravisker nach Pannonien von den Osen her, aus germanischem Gebiet, oder die Osen aus dem Land der Aravisker nach Germanien eingewandert sind, das ist nicht zu entscheiden (beide haben noch heute gleiche Sprache, gleiche Satzung und Bräuche):

---

[61] *Caesar* wird als einziger Gewährsmann ausdrücklich genannt. Diese seine Behauptungen nimmt schon Tacitus nur mehr hin, heute sind sie als unrichtig erkannt. Die Kelten, die früher auch rechts des Rheins saßen, wurden vielmehr von den Germanen überall zurückgedrängt.

[62] *Herzynischer Wald* das ganze deutsche Mittelgebirge, hier etwa Schwarzwald und Rauhe Alb

denn die nämliche Armut und Freiheit bot einst an beiden Ufern des Grenzstromes genau so viel Vorteil wie Nachteil.[63]

Treverer und Nervier behaupten sogar mit eifersüchtigem Stolz ihre germanische Abkunft, als würde solcher Adel des Blutes eine Ähnlichkeit mit den erschlafften Galliern aufheben. Am Rheinufer selbst wohnen unzweifelhaft germanische Völker, Vangionen, Triboker, Nemeter. Ja selbst die Ubier, die doch für ihre Verdienste das Recht der römischen Kolonien erhielten und sich lieber nach ihrer Stifterin Agrippiner nennen hören, schämen sich ihres germanischen Ursprungs nicht. Sie waren schon vorzeiten herübergekommen und wurden dann zum Lohn bewährter Treue gerade am Rheinufer angesiedelt, aber als Grenzwächter, nicht als Bewachte.

An Tapferkeit überragen die Bataver[64] alle diese Stämme. Sie bewohnen nur einen kleinen Strich am Ufer, aber das ganze Inselland des Rheins und waren einst ein Teil des Chattenvolkes, der sich bei einem Zwist von der Heimat löste und in diese Gegenden hinüberzog; dort sollten sie dem Römerreiche einverleibt werden. Die Ehre und die Auszeichnung alter Bundesfreundschaft ist ihnen

---

63 *Helvetier* bald darauf in der Nordschweiz, *Bojer* damals in Böhmen (Beheim), *Aravisker* um Stuhlweißenburg, *Osen* in Oberungarn; diese beiden sind pannonische Stämme; die Worte Germanorum natione können nur auf den Wohnsitz gedeutet werden. *Treverer* um Trier, wahrscheinlich Gallier, *Nervier* an der Sambre, *Vangionen* um Worms, *Triboker* bei Hagenau, *Nemeter* um Speyer, *Ubier* 38 v. Chr. durch Agrippa ans linke Rheinufer verpflanzt; ihr Hauptort wird die *colonia Agrippinensis*, der Geburtsort der Agrippa, Tochter des Germanicus und Gemahlin des Kaisers Claudius. Sie ist auch die Stifterin der Kolonie (Köln).

64 *Bataver* lebten im Rheindelta; die behauptete Abwanderung von den *Chatten* her ist wohl nicht richtig

geblieben[65]: kein Tribut entwürdigt sie, kein Steuerpächter saugt sie aus; frei von Lasten und Abgaben, nur dem Dienst im Kriege vorbehalten, werden sie wie Wehr und Waffen für den Kampf aufgespart. In gleicher Abhängigkeit steht auch das Volk der Mattiaker[66]; hat doch das mächtige Römertum über den Rhein und über die alten Grenzen[67] hinaus sein Weltreich Ehrfurcht gebietend erweitert. So sitzen sie, in eigener Gemarkung, auf ihrem Uferland; Gesinnung und Neigung hält sie bei uns. Sonst ganz wie die Bataver; nur dass ihnen noch der Boden und Himmel der Heimat helleren Mut weckt.

Nicht unter die germanischen Völker möchte ich, wiewohl sie jenseits von Rhein und Donau ansässig sind, jene zählen, die das Zehntland[68] bebauen: gallisches Lumpenpack, aus Not verwegen, hat sich sein Stück von dem Boden ungewisser Besitzer genommen. Dann ist der Grenzwall angelegt, sind Festungen vorgeschoben worden, und so bildet das Gebiet ein Vorland des Reichs und einen Teil der Provinz.

---

65 Auch nach dem Aufstand des Civilis (69 und 70 n. Chr.) bleibt das Freundschaftsverhältnis zu den Römern

66 *Mattiaker* um Wiesbaden, dessen Quellen schon bekannt sind

67 Über den Grenzwalls *limes* hinaus, der, von Domitian begonnen, in seiner Vollendung (3. Jhdt.) von der Donau bei Lorch oder Kehlheim über den Odenwald und Taunus an den Rhein (Neuwied) ging; 550 Kilometer lang. Man hat schon tausend Wachttürme und hundert Kastelle (darunter die Saalburg) festgestellt.

68 *Zehntland* (agri decumates, nur hier erwähnt) römisches Staatspachtland am mittleren Neckar

26. Die nichtsuevischen Völker der Germanen

a) die westlichen: Chatten

Weiter hinaus wohnen die Chatten[69]. Ihr Reich beginnt am Herzynischen Wald, nicht so eben und sumpfig wie die anderen Gebiete im weiten germanischen Flachland; immer wieder erheben sich Hügel und werden nur allmählich spärlicher: so geleitet der Herzynische Wald seine Chatten und setzt sie dann ab zu Tal. Es ist ein harter Volksschlag von gedrungenem Gliederbau, trotzigen Mienen und besonders lebhaftem Geist. Für Germanen zeigen sie viel Verstand und Gewandtheit. Sie wissen ihre Führer zu wählen, auf das Wort der Obern zu hören, Reih und Glied zu wahren, den Augenblick zu erspähen, mit dem Angriff zurückzuhalten, ihren Tag einzuteilen und sich für die Nacht zu sichern; und haben gelernt, nicht dem ungewissen Glück, sondern erprobter Tapferkeit zu vertrauen.

Und, was sonst sehr selten und nur einer strengen Zucht eigen ist: die Führung gilt ihnen mehr als die Truppe. Ihre ganze Stärke liegt im Fußvolk, dem sie außer den Waffen auch Schanzzeug und Vorräte mitgeben. Andere Völker ziehen in die Schlacht, die Chatten in einen vorbereiteten Krieg; selten kommt es zu Streifzügen und planlosem Gefecht. Und wirklich taugt es mehr für Reiterkräfte, rasch einen Sieg zu gewinnen, rasch zu entweichen. Aber Hast steht der Furcht gar nah, Bedachtsamkeit dem besonnenen Mute.

Was sich auch bei anderen germanischen Völkern als Ausdruck vereinzelten Wagemuts findet, ist bei den Chatten allgemeiner Gebrauch geworden; sobald sie mannbar sind, lassen sie Bart und Haupthaar frei wachsen und tragen sich nicht anders, solange sie nicht

---

[69] *Weiter hinaus* über das Zehntland hin: die *Chatten* = Hessen. Sie sind, außer den Friesen, nach Grimm »der einzige deutsche Volksschlag, der mit behauptetem alten Namen bis auf heute an derselben Stelle haftet, wo sie in der Geschichte zuerst erwähnt werden«. Ihnen widerfährt hier unter allen Stämmen das größte Lob.

einen Feind getötet haben; das ist ihr Gelübde, gleichsam ein Pfand ihrer Tapferkeit. Erst an der blutigen Beute enthüllen sie wieder die Stirn; dann erst glauben sie den Preis für ihr Dasein gezahlt und ihr Vaterland und ihre Väter verdient zu haben.

Feigen und Kriegsscheuen bleibt der entstellende Haarwust. Ein rechter Held trägt obendrein noch einen eisernen Ring (diesem Volk sonst ein Zeichen der Schmach) wie eine Fessel und löst sie sich erst, wenn er einen Feind erschlagen hat. Sehr viel Chatten gefallen sich in solchem Aufzug und sind darin grau geworden, berühmt und Feinden wie Freunden bekannt. Diese sind's, die jeden Kampf eröffnen; sie bilden die erste Reihe, ein überwältigender Anblick; denn auch im Frieden ist ihr Aussehen nicht milder geworden. Keiner von ihnen hat Haus oder Land oder sonst eine Arbeit; wo er auch einkehrt, findet er Unterhalt und schwelgt in fremdem Gut, unbekümmert um eigenes, bis dann schließlich das blutlose Alter zu so harter Tugend unfähig macht.

b) Usipier und Tenkterer

Den Chatten zunächst wohnen am Rheinstrom, der dort schon seinen festen Lauf hat und Grenzwehr zu sein vermag, die Usipier und Tenkterer[70]. Die Tenkterer zeichnen sich außer durch den gewohnten Kriegsruhm durch ihre trefflich geübte Reiterei aus; und dem Fußvolk der Chatten gebührt kein größeres Lob als den Reitern der Tenkterer.[71] Das haben sie von den Vätern her, und die Nachfahren bleiben nicht zurück. Reiten ist das Spiel der Kinder, Männer üben es um die Wette, Greise lassen nicht nach. Neben Gesinde und Gehöft und den Rechten der Nachfolge werden die Pferde vererbt: doch erhält sie nicht, wie das übrige Gut, der älteste Sohn, sondern der streitbarste, der bessere Kämpe.

---

[70] *Usipier* (Usipeter) und *Tenkterer*, immer gemeinsam genannt, vom Siebengebirge gegen Ruhr oder Lippe

[71] Alle diese Stämme gehen in den Franken auf, deren Hauptvolk später die Chamaver werden, damals nördlich der Lippe bis zum Zuydersee. Angrivarier, an der Weser, später als Angern ein Hauptstamm der Altsachsen

c) Brukterer

Neben den Tenkterern traf man früher die Brukterer[72]. Jetzt sollen da Chamaver und Angrivarier eingewandert sein. Die Brukterer wurden durch einen Zusammenschluss der Nachbarvölker geschlagen und ganz vernichtet, sei es aus Hass gegen ihre Überhebung oder wegen der lockenden Beute, oder weil uns etwa die Götter gnädig waren; denn sie gönnten uns sogar, dem Schauspiel des Schlachtens zuzusehen: über sechzigtausend[73] sind nicht der Römer Wehr und Waffen, sondern, was weit herrlicher ist, uns zur Freude und Augenweide erlegen. Bliebe nur, dies mein Gebet, dauernd all diesen Völkern, wenn schon nicht Liebe zu uns, so doch wenigstens ihr Hass gegeneinander; denn nichts Größeres kann uns in des Reiches drängendem Verhängnis das Schicksal gewähren als unserer Feinde Zwietracht.

d) Friesen

An die Angrivarier und Chamaver schließen sich im Rücken[74] Dulgubiner und Chasuarier an und andere nicht sonderlich häufig genannte Völker[75]. Vorne nehmen die Friesen die Reihe auf. Sie heißen Groß- und Kleinfriesen nach dem Maß ihrer Kräfte. Beide Stämme begrenzt bis ans Meer der Rhein; auch wohnen sie rings um gewaltige Seen[76], in

[72] *Brukterer* zwischen Ems und Lippe (ihre Seherin *Veleda*); später zurückgedrängt, aber keineswegs vernichtet

[73] Die 60.000 sind übertrieben

[74] *Im Rücken*: die Völker mit dem Gesicht zur See

[75] *Dulgubiner* in der Gegend von Hannover (?), *Chasuarier* an der Haase, *Friesen* zwischen Zuydersee und Ems, die *Kleinfriesen* zwischen Rhein und Yssel

[76] *Seen* besonders der Zuydersee, aber auch viele andere, da es an Deichen fehlt; so entstehen förmliche Inseln

die auch schon römische Flotten[77] drangen. Ja, selbst ins Nordmeer haben wir uns dort gewagt. Und es ist die Sage verbreitet, dass da noch Säulen des Herkules stehen[78]: sei es, dass Herkules wirklich hinkam oder dass wir alles Großartige, wo sich's auch finde, auf seinen Ruhm zurückzuführen gewohnt sind. An Kühnheit hat es dem Drusus Germanicus[79] auch nicht gefehlt; doch das Meer ließ sich, ließ die Spuren des Herkules nicht erforschen. Seither hat es niemand versucht[80]; es schien frömmer und ehrfürchtiger, an die Taten der Götter zu glauben, als um sie zu wissen.

e) die nördlichen: Chauker

So weit gegen Westen hin kennen wir Germanien. Gegen Norden tritt es in ungeheurem Bogen zurück.[81] Gleich zuerst findet sich hier das Volk der Chauker[82]; obwohl es schon nächst den Friesen beginnt und

---

[77] *Römische Flotten*: Drusus Germanicus (12 v. Chr.) und sein Sohn Germanicus (14 und 15 n. Chr.).

[78] *Säulen des Herkules* wie bei Gibraltar (die Klippen von Helgoland?); hier ist der römische Herkules gemeint

[79] *Drusus Germanicus*: ›Drusus der Ältere‹ genannt, 38–9 v. Chr., römischer Politiker und Feldherr, der gegen die Germanen zog und erst an der Nordsee gebremst wurde *[red.]*

[80] nach Drusus Germanicus jedenfalls Tiberius (5 n. Chr.)

[81] man denkt sich die *kimbrische Halbinsel* (Schleswig-Jütland) von der Elbemündung an stark ostwärts geneigt

[82] *Chauker* am Meer zwischen Ems und Elbe. Nach Müllenhoff sind es vielleicht überhaupt nur andere Friesen, ›Chauker‹ ein Ehrenname. Plinius schildert die Chauker als armseliges Fischervolk, immer von Sturmfluten bedroht. Das auffallende Lob des Tacitus ist vielleicht beabsichtigter Gegensatz zum folgenden Kapitel.

noch einen Teil der Küste innehat, zieht es sich auch in der Flanke aller hier beschriebenen Stämme hin und reicht zuletzt im Bogen[83] bis zu den Chatten. Und diese gewaltige Ländermasse haben die Chauker nicht nur in ihrem Besitz, sondern sie füllen sie auch aus; ein Volk, das unter den Germanen in höchstem Ansehen steht und es dabei vorzieht, seine Macht auf Gerechtigkeit zu stützen.

Ohne Habgier, ohne unbändige Herrschsucht leben sie ruhig für sich und reizen keinen zum Kriege, verwüsten sie, rauben und plündern keinem sein Gut. Es ist das höchste Zeugnis für ihre Tapferkeit und Stärke, dass sie ihre überlegene Macht keinem Übergriff danken. Doch haben sie alle rasch die Waffen bereit, und wenn es die Not erfordert, ein Heer: Rosse und Mannen in reicher Zahl. Auch wenn sie Ruhe halten, bleibt ihnen ihr Ruf.

---

83 ›*Im Bogen*‹ hätten sie die Chatten an der Weser treffen müssen, eine wahrscheinlich unrichtige Angabe

f) Cherusker

Zur Seite der Chauker und Chatten haben die Cherusker[84] lange unangefochten einen allzu tiefen, erschlaffenden Frieden gehalten. Das brachte ihnen mehr Behagen als Sicherheit, da es verkehrt ist, zwischen unbändigen, mächtigen Nachbarn ruhig zu bleiben. Wo Faustrecht gilt, darf sich nur der Überlegene friedlich und redlich nennen. So heißen die Cherusker, einst als die Wackeren, Gerechten bekannt, jetzt Weichlinge und Toren; den siegreichen Chatten wurde ihr Glück als Weisheit gedeutet. Mitgerissen vom Sturz der Cherusker wurden auch die Fosen[85], ihr Nachbarvolk. Im Glück die Geringeren, sind sie nun rechte Gefährten des Missgeschicks.

g) Kimbern

In der gleichen Ausbuchtung des Germanenlandes, nächst dem Nordmeer, sitzen die Kimbern[86], jetzt nur ein kleiner Stamm, doch von gewaltigem Ruhm. Von ihrem alten Ruf sind viele Spuren erhalten: an beiden Ufern Wälle und Lagerräume, deren Umfang noch

---

84 *Cherusker* in der Umgebung des Harzes, früher noch weiter nordwestlich, zwischen Weser und Elbe. Am bekanntesten durch ihren Kampf gegen die Römer: Vernichtung des Varus im Teutoburger Walde. Arminius, der ›Befreier Germaniens‹, besiegt auch Marbod, den König der Markomannen. Bald werden aber die Cherusker zurückgedrängt, innere Zwistigkeiten, Kämpfe mit den Chatten wüten, vom Frieden des Tacitus ist keine Rede. Ebenso scheint die Demütigung der Cherusker übertrieben. Nur ihr Name verschwindet. Sind es die späteren Sachsen?

85 *Fosen* in der Wesergegend

86 *Kimbern*: ein Rest also noch auf der kimbrischen Halbinsel. Auf ihrem großen Zuge stoßen die Kimbern 113 v. Chr. auf die Römer unter Papirius Carbo. 107 wird der Konsul L. Cassius mit seinem Heer vernichtet, 105 der Prokonsul Servilius Caepio und der Konsul Gnaeus Mallius. Das sind drei konsularische Heere; Aurelius Scaurus, gleichfalls geschlagen und getötet, hatte kein eigenes Heer, und Carbo erlitt nur eine geringe Niederlage.

heute für die Menge des Heeres und Volks und für die so mächtige Wanderung Zeugnis gibt. Sechshundertvierzig Jahre stand unsere Stadt, als uns zuerst die Waffen der Kimbern erdröhnten; unter den Konsuln Caecilius Metellus und Papirius Carbo. Zählt man von da bis zum zweiten Konsulat des Imperators Trajan[87], so sind das etwa zweihundertundzehn Jahre; so lange wird nun Germanien besiegt. Und im Lauf dieser langen Zeit hüben und drüben vielfach Verluste! Nicht der Samnite, nicht die Punier, nicht Hispanien und Gallien, ja auch die Parther nicht haben öfter zu schaffen gegeben: ärger denn eines Arsaces[88] Tyrannei droht der Germanen Freiheit.

Was könnte uns sonst der Osten vorhalten als den erschlagenen Crassus, für den er doch selbst, von einem Ventidius niedergeworfen, den Pacorus hingeben musste! Germanen aber haben den Carbo und Lucius Cassius, den Scaurus Aurelius, den Servilius Caepio und Gnaeus Mallius geschlagen oder gefangen, also fünf konsularische Heere dem römischen Volke, und den Varus und mit ihm drei Legionen selbst dem Caesar[89] geraubt; und nicht ohne Einbußen hat sie C. Marius in Italien, der erlauchte Julius in Gallien, Drusus, Nero, Germanicus in ihrem eigenen Land geschlagen. Hernach sind die gewaltigen Rüstungen des C. Caesar[90] lächerlich ausgegangen. Seitdem

---

[87] *Das zweite Konsulat Trajans* ist 98 n. Chr. Diese Stelle gilt als Beweis für die Abfassung der ›Germania‹ im gleichen Jahre. Nero ist Tiberius.

[88] *Arsaces* begründet im 3. Jahrh. v. Chr. das große Partherreich, lange neben Rom die einzige östliche Großmacht; Crassus wird 53 v. Chr. von den Parthern getötet, Ventidius, ein Emporkömmling, rächt die Niederlage, indem er die Parther am Jahrestag dieser Schlacht 38 v. Chr. besiegt und ihren Prinzen Pacorus tötet.

[89] *selbst dem Caesar*: Augustus

[90] *Rüstungen des C. Caesar*: Caligula; er lässt seine germanische Leibwache Feind spielen und triumphiert (40 n. Chr.); später feiert auch Domitian einen höchst sonderbaren Triumph. In den Bürgerkriegen nach Neros Tod beginnt der Aufstand der Nordwestgermanen.

war Ruhe, bis dass sie, die Gelegenheit unseres Zwistes und Bürgerkrieges wahrnehmend, die Winterlager der Legionen stürmten und sogar Gallien bedrohten. Da wurden sie wieder abgeschlagen; aber die letzte Zeit hat über sie mehr triumphiert als gesiegt.

27. Die suevischen Völker der Germanen

a) Allgemeine Schilderung

Nunmehr spreche ich von den Sueben[91]. Sie bilden nicht, wie Chatten und Tenkterer, ein einheitliches Volk, sondern haben den größeren Teil Germaniens inne und zerfallen zudem noch in besondere Völkerschaften mit eigenem Namen, wiewohl sie insgesamt Sueben heißen. Ein Stammeszeichen[92] bildet das seitwärts gekämmte, in einen Knoten geschlungene Haar: dadurch unterscheiden sich die Sueben von den übrigen Germanen und die suebischen Freien von ihren Knechten.

Dergleichen kommt auch bei anderen Stämmen vor, vielleicht auf Grund einer Verwandtschaft mit den Sueben, vielleicht, wie das ja oft geschieht, als Nachahmung, ist jedoch selten und bleibt auf die Jugend beschränkt. Bei den Sueben aber streichen sie noch, wenn sie grau sind, das widerstrebende Haar zurück und binden es, oft gerade über dem Scheitel, zusammen; Vornehme tragen es noch kunstvoller hergerichtet. Das ist nun wohl Putz, aber ein unschuldiger; denn nicht um Liebe und Gegenliebe geht es ihnen, sondern mit solcher Sorgfalt schmücken sie sich, zu Kriegern bestimmt, um größer und schrecklicher auszusehen in den Augen der Feinde.

---

[91] Hier beginnt der zweite Hauptteil des Kapitels IV: Tacitus rechnet alle folgenden, auch die nichtgermanischen Stämme zu den Sueben. Aber schon die Nerthusvölker gehören nicht mehr dazu; auch nicht die Ost- und Nordgermanen. Sueben wortgleich mit ›Schwaben‹.

[92] *Stammeszeichen*: der Knoten, ohne Band, an der rechten Schläfe über dem Ohr ist durch Bilder bezeugt, aber auch bei Nichtsueben

b) Sueven im Innern von Nordgermanien

Die Semnonen

Für die Ältesten und Edelsten unter den Sueben geben sich die Semnonen[93] aus; der Glaube an ihr hohes Alter wird durch heilige Bräuche gestützt. Zu bestimmten Zeiten sind in einem Walde, den Zeichen aus Vätertagen und Schauer der Vorzeit weihten[94], alle Völker vom gleichen Blut durch Abordnungen vertreten, und ein feierliches Menschenopfer der Gemeinschaft eröffnet des barbarischen Dienstes entsetzliche Stiftung[95].

Noch eine andere Verehrung gilt dem Hain: keiner darf ihn anders als in Fesseln betreten, gleichsam als Untertan, und um von der Macht des Gottes zu zeugen. Fällt einer zu Boden, so darf er sich nicht erheben noch aufrichten lassen, sondern muss sich auf der Erde hinauswälzen. Das ganze Treiben deutet darauf, dass dort die Wiege des Volkes sei, dort der allbeherrschende Gott, und alles andere untergeordnet und abhängig. Bestärkt wird diese Meinung durch das Gedeihen der Semnonen: in hundert Gauen wohnen sie, und bei solcher Größe ihrer Körperschaft halten sie sich für das Haupt der suebischen Völker.

---

93 *Müllenhoff* hält den Namen *Semnonen* für hieratisch*: ihr Wohnsitz, etwa im Spree- und Havelland, entspricht der von ihm behaupteten Urheimat der Germanen. (*hieratisch: priesterlich; heilige Gebräuche oder Heiligtümer betreffend)

94 Der Vers *»auguriis – sacram«*, im Deutschen durch *»Zeichen – weihten«* wiedergegeben

95 Der besonders großartige Kultus ist denn auch der des Stammvaters Ziu, an dem die Sueben festhalten; ihre Stadt ist Ziesburg = Augsburg. Im 3. Jahrh. wandern die Semnonen als Alamannen (alle Mannen, ein Zusammenschluss) an den rätischen Limes und erobern von da ab das jetzt noch alemannisch-schwäbische Gebiet.

Die Langobarden und die sieben Nerthusvölker[96]

Dafür ehrt die Langobarden[97] ihre geringe Zahl. Von sehr vielen mächtigen Völkern eingeschlossen, haben sie sich nicht durch Unterwürfigkeit, sondern in Kampf und Wagnis gesichert. Es folgen Reudigner, Avionen, Angeln, Variner, Eudosen, Suardonen und Nuithoner, alle durch Flüsse oder Wälder geschützt. Zu den einzelnen ist sonst nichts zu bemerken; gemeinsam verehren sie die Nerthus, das ist die Mutter Erde; diese, so meinen sie, mische sich in das Treiben der Menschen und komme von Volk zu Volk gefahren.

Es ruht auf einer Insel[98] im Nordmeer ein heiliger Hain; darin steht ein geweihter Wagen, mit einer Hülle bedeckt, und nur der Priester darf ihn berühren. Er merkt die Gegenwart der Göttin im Heiligtum und geleitet ehrfürchtig ihren mit Kühen bespannten Wagen. Dann sind die Tage froh und festlich die Stätten, wo die Göttin einzuziehen und gastlich zu weilen geruht. Niemand geht in den Krieg, niemand greift zu den Waffen; verschlossen ist jegliches Eisen: es ist die einzige Zeit, da sie Ruhe und Frieden kennen, die einzige, da sie ihn lieben.

Bis der Priester dann wieder die Göttin, des Umgangs mit sterblichen Menschen ersättigt, in ihren heiligen Bezirk zurückbringt. Dann wird der Wagen, seine Umhüllung und – wenn man es glauben darf – die Göttin selbst in einem unzugänglichen See genetzt. Sklaven helfen

---

[96] Die sieben *Nerthusvölker*: eine Kultgemeinschaft, in Schleswig-Holstein, vielleicht auch Mecklenburg; die Angeln gehen später nach England. Nicht genannt sind die Sachsen, damals in Holstein. Nerthus ist nicht etwa Hertha (eine falsche Bildung), sondern Freya; als Mutter Erde (magna mater Idaea) bezeichnet, weil auch diese auf einem Wagen gefahren wird und ein Priester Bild und Wagen reinigt.

[97] *Langobarden* an der unteren Elbe; im 5. Jahrh. über Südmähren ins Alföld (ihr ›Feld‹) und weiter nach Pannonien und Italien (Lombardei)

[98] *Insel* sicher nicht Rügen, ebenso der See nicht der Herthasee, dessen Sage eine späte gelehrte Erfindung ist

beim Dienst, die alsbald der nämliche See verschlingt. Daher das geheime Grauen und das heilige Dunkel um etwas, was nur Todgeweihte erschauen.

c) Südliche Sueven (Donausueven)

Die Hermunduren

Und dieser Teil der Sueben zieht sich bis in ziemlich entlegene Länder Germaniens hin. Näher – um, wie noch zuvor[99] dem Rhein, so jetzt der Donau zu folgen – haust das Volk der Hermunduren[100], den Römern ergeben. Darum ist ihnen allein von allen Germanen der Verkehr nicht nur an der Ufergrenze, sondern auch tief ins Reich hinein und selbst in der glänzendsten Kolonie[101] der rätischen Provinz erlaubt. Wo sie wollen, kommen sie ohne Aufsicht herüber, und während wir den übrigen Stämmen nur unsere Waffen und Lagerplätze zeigen, haben wir diesen ohne ihr Begehren unsere Häuser und Landsitze geöffnet. Im Lande der Hermunduren entspringt die Elbe[102], einst ein viel gerühmter, bekannter Strom; jetzt hört man nur eben von ihm.

---

[99] *wie noch zuvor*: vom Zehntland bis zu den Chaukern, ja im wesentlichen sogar bis zu dieser Stelle folgt Tacitus der Süd-Nord-Richtung des Rheins; im folgenden der West-Ost-Richtung der Donau.

[100] *Hermunduren* zwischen Harz und Erzgebirge, südwärts bis zum Main, vielleicht sogar zur Donau. Das gute Verhältnis zu den Römern deutet nicht gerade auf unmittelbare Nachbarschaft; Grenznachbarn des Reiches dürfen den Strom nur an bestimmten Stellen unter Aufsicht überschreiten.

[101] diese *Kolonie* ist Augusta Vindelicorum (Augsburg)

[102] *Elbe*: man dachte sich wohl die Moldau oder Eger oder thüringische Saale als Oberlauf der Elbe. So weit waren römische Heere gedrungen, aber seit der Niederlage des Varus kannte man die Elbe nur noch vom Hörensagen.

Die Markomannen und Quaden

Nächst den Hermunduren wohnen die Varisten und weiter hin die Markomannen[103] und Quaden[104]. Hoch ragen die Markomannen an Ruhm und Kraft hervor; auch ihr Land danken sie der eigenen Tapferkeit, die einst die Bojer vertrieb. Doch schlagen auch Varisten und Quaden nicht aus der Art; und dies ist gleichsam die Stirnwehr Germaniens entlang der Donau. Markomannen und Quaden haben noch bis auf unsere Zeit Könige vom heimischen Stamm behalten, des Marbod und Tudrus edles Geschlecht. Jetzt fügen sie sich auch Fremden; aber Macht und Gewalt kommt ihren Königen vom römischen Ansehen. Selten werden sie von unseren Waffen, öfter durch Geld unterstützt; aber sie sind deshalb nicht schwächer.

---

[103] *Varisten* am Fichtelgebirge, *Markomannen* in der großen ›Mark‹ zwischen Main und Donau, die nach dem Abzug der *Helvetier* entstanden war, ein suebisches Volk. Marbod führt sie nach Böhmen, wo schon vorher, vielleicht mit durch die Markomannen, die Bojer vertrieben worden waren. Er begründet ein mächtiges Reich, das bis zur Weichsel reicht, aber ein Krieg mit den Cheruskern zerstört es, und Marbod flüchtet zu den Römern. Später unter Marc Aurel der Jahre währende große Markomannenkrieg der Römer. Im 6. Jahrh. wird Böhmen slavisch, die Markomannen sind nach Bayern gerückt. Hier ist der Stamm, vom Lech bis zur Enns, geblieben (Bayern und Deutschösterreicher).

[104] *Quaden* wahrscheinlich mit den Markomannen zusammen gewandert, gleichfalls Sueben, in Mähren und Oberungarn, Bundesgenossen der sarmatischen Jazygen, 407 mit den Vandalen nach Spanien. Stirnwehr gegen Rom. Tudrus wahrscheinlich ein Quadenkönig.

d) Ostsueven, besonders die Lugier mit den Hariern und Nahanarvalen, sowie die Goten

Noch weiter ab[105] von uns schließen sich Marsigner, Kotiner, Osen und Burier im Rücken an die Markomannen und Quaden. Von diesen erinnern Marsigner und Burier in Rede und Sitte an suebische Abkunft; die Kotiner verraten durch ihre gallische, die Osen durch ihre pannonische Sprache, dass sie keine Germanen sind, wie auch durch die Abgaben, die sie ertragen. Einen Teil davon haben ihnen die Sarmater, einen anderen – als einem Fremdvolk – die Quaden auferlegt: dabei fördern die Kotiner, und das mehrt ihre Schmach, noch obendrein Eisen![106] Alle diese Völker aber halten wenig Flachland besetzt, meist Hochwald, Gipfel und Höhenzüge. Denn mitten durch Suebien zieht als Scheidewand ein Gebirge[107] in geschlossener Kette; und auf der anderen Seite wohnen sehr viele Völker, von denen namentlich die Lygier[108], mehrere Stämme umfassend, weithin verbreitet sind.

---

[105] *Noch weiter ab*: nördlich und östlich der Markomannen und Quaden, um das schlesische Gebirge

[106] *Eisen*, das bei den Germanen so selten ist, verwenden die Kotiner nicht einmal, um sich von den Abgaben zu befreien.

[107] *Gebirge*: der östliche Teil des Herzynischen Waldes, besonders das Eschengebirge, slavisch Jesenik, Gesenke

[108] *Lugier* oder *Lygier* die Südgruppe der Ostgermanen, wieder ein Kultverband, der alle hier genannten Stämme und wohl auch die nicht genannten Burgunder umfasst. Das Heiligtum liegt bei den Nahanarvalern (hieratischer* Name, Müllenhoff). Die Lugier, von der Ostgrenze Böhmens bis zur Weichsel, heißen später Vandalen, eine Nebenform von ›Vandilier‹. Ihre Wanderung führt nach Gallien, Spanien, Nordafrika. (*hieratisch: priesterlich; heilige Gebräuche oder Heiligtümer betreffend)

Es genügt, die bedeutendsten zu nennen, die Harier, Helvekonen, Manimer, Helisier und Nahanarvaler. Bei den Nahanarvalern weist man einen uralt-heiligen Hain. Darin waltet ein Priester in Frauentracht; aber die Götter, die sie nennen, sind nach römischer Deutung Kastor und Pollux. Dies die Bedeutung der Gottheit; ihr Name ist ›Alken[109]‹. Es gibt von ihnen kein Bild, keine Spur führt zu fremden Bräuchen; aber als Brüder werden sie und als Jünglinge verehrt.

Die grimmen Harier helfen, obzwar den zuvor aufgezählten Völkern ohnehin überlegen, dem Eindruck ihrer an sich schon wilden Erscheinung zudem durch wohl bedachte Künste nach. Sie schwärzen die Schilde und überfärben sich den Körper; finstere Nächte wählen sie zum Kampf. So jagen schon die gespenstischen Schreckgestalten eines Totenheeres[110] Grausen ein, und kein Feind widersteht dem unerhörten, gleichsam höllischen Anblick; denn zuerst erliegen bei jedem Anprall die Augen. Jenseits der Lygier sitzen die Goten[111], von Königen, und etwas straffer als andere Germanenstämme, geleitet, doch nicht so, dass ihre Freiheit bedroht wäre. Dann dicht daran, gegen das Meer, die Rugier und Lemovier[112]. All dieser Völker Merkmal ist, dass sie runde Schilde und kurze Schwerter haben und Königen gehorchen.

---

[109] Die *Alcis*, auch *Alken*, sind in der germanischen Mythologie ein jugendliches Bruderpaar, das im ersten Jahrhundert nach Christus vom ostgermanischen Stamm der Nahanarvaler verehrt wurde und den griechischen Dioskuren* ähnelt. (*in der griechischen Mythologie die Zwillingsbrüder Kastor und Polydeukes) *[red.]*

[110] Das *Totenheer* und die straffere Königsherrschaft leitet die Steigerung ein, die allmählich in das Reich des Märchens hinüberführt

[111] *Goten*, das bedeutendste ostgermanische Volk, das Heldenvolk der Germanen, zwischen Weichsel und Pregel; später in Südrussland, wo sich in der Krim Reste bis ins 16. Jahrh. erhalten haben. Ihre Wanderung ist bekannt.

[112] *Rugier* und *Lemovier* damals an der Ostsee zwischen Weichsel und Oder, die Rugier später an der österreichischen Donau

e) Sueven auf Skandinavien, die Suionen und Sitonen

In der West-Ost-Richtung zur Ostsee[113] folgen die Stämme der Suionen[114] , mitten im Ozean, reich an Mannen und Waffen und auch zur See gewaltig. Sie haben Schiffe von besonderer Gestalt[115], derart, dass jedes Ende Vorderteil sein kann und immer zum Landen bereit ist. Auch bedienen sie keine Segel und fügen die Ruder nicht reihenweise an beide Seiten, sondern brauchen sie lose, wie auf manchen Flüssen, und setzen sie, je nach Bedarf, bald rechts, bald links ein. Bei diesem Volk steht auch der Reichtum[116] in Ehren, und so beherrscht es ein einziger, gegen den schon kein Einspruch mehr statthat, kraft unwiderruflichen Rechts auf Gehorsam. Auch werden die Waffen nicht, wie bei den anderen Germanen, jedem zum Gebrauch freigegeben, sondern ein Wächter hält sie verschlossen; es ist ein Sklave. Denn da wehrt einem unerwarteten Einbruch der Feinde das Meer; und Waffen in müßigen Händen führen gar leicht zum Missbrauch. Einen Adeligen allerdings oder Freien, ja auch nur einen Freigelassenen als Waffenhüter zu bestellen, wäre dem König kein Vorteil.

---

113 *In der West-Ost-Richtung zur Ostsee*, von der man damals keine rechte Vorstellung hatte

114 *Suionen* sind Schweden, Skandinavien gilt als Insel

115 *Schiffe*, ähnlich den hier beschriebenen, werden noch heute bei den Norwegern als Scherenboote gebaut

116 *Reichtum*: Geldgier führt zur Entartung, und Entartete lassen sich einen unumschränkten Herrscher gefallen. Aber der schwedische König, der ein Stammesheiligtum verwaltet und dafür Opfersteuern einnimmt, hat in Wirklichkeit gar keine unbeschränkte Macht. Nur gebietet er Festfrieden, und dann sind alle Waffen verschlossen. Vielleicht haben Südgermanen, die den Glanz dieser Feste sahen, das Missverständnis verschuldet.

28. Die Aestier[117] und das Bernsteinland

Jenseits[118] der Suionen liegt ein anderes Meer, starr[119] und fast unbewegt. Dass es den Erdkreis[120] abgürtet und schließt, darf man wohl glauben, weil sich dort der letzte Glanz der sinkenden Sonne bis zum Aufgang[121] erhält, so hell, dass davor die Sterne verblassen. Manche behaupten sogar, der aufsteigenden Sonne Klingen zu hören und ihr Rossegespann und ihr Strahlenhaupt zu erkennen. Damit sind wir, wenn die Sage recht hat, am Ende der Welt.

Nun denn[122] – rechts schlägt das suebische Meer an die Küste der Ästierstämme. Diese haben die Bräuche und das Aussehen der Sueben, ihre Sprache steht der britannischen näher. Sie verehren eine Göttermutter. Als Zeichen dieses Dienstes tragen sie Eberbilder bei sich: das ist Schutz und Schirm gegen alle Gefahr und behütet den Gläubigen auch im Feindesgewühl. Selten haben sie Waffen von Eisen, oftmals Keulen. Korn und andere Früchte bauen sie sorgfältiger, als sonst germanische Lässigkeit zugibt.

---

117 *Ästier* sind die Litauer; erst später geht der Name auf die finnischen Esthen über. Das Folgende zeigt gerade, dass die Ästier keine Germanen sind; die Ähnlichkeit mit der britannischen Sprache wohl nur zufällig

118 *Jenseits* = nördlich

119 *Starr*: Pytheas von Massilia berichtet, es gebe ein ›geronnenes Meer‹ (im Mittelalter die Sage vom Lebermeer). Also Kunde vom Eismeer und von der Mitternachtssonne!

120 Der *Erdkreis* ist eine Scheibe, die Sonne am Rand so nahe, dass man ihre Rosse und die Strahlen um das Haupt des Sonnengottes wahrnimmt

121 Die *aufgehende Sonne* erklingt nach altem Glauben

122 *Nun denn*: der Bericht geht wieder zu einer bekannten Gegend über. Die rechte Küste ist nach der West-Ost-Richtung die der Ostsee

Aber sie suchen auch im Meer und sind unter allen Völkern die einzigen, die den Bernstein[123] (sie nennen ihn glesum) an seichten Stellen und am Strande selbst sammeln. Doch haben sie, rechte Barbaren, sein Wesen und seine Entstehung weder bedacht noch erkundet. Ja, er lag lange umher wie anderer Auswurf des Meeres, und erst unsere Sucht nach Schmuck schuf ihm seinen Namen. Sie selber gebrauchen ihn nicht; sie sammeln die rohen Stücke, bringen sie unbearbeitet zu Markt und wundern sich über den gezahlten Preis. Indes erkennt man ihn als Baumharz, weil häufig kleine Landtiere[124], auch geflügelte, durchschimmern, die sich in der flüssigen Masse fangen und, wenn sie dann hart wird, eingeschlossen bleiben.

Wie in den fernen Ländern im Osten, wo die Bäume Weihrauch und Balsam ausschwitzen, mögen also wohl auch auf den Inseln und Küsten des Westens merkwürdig ergiebige Haine und Wälder sein: ihre Säfte werden von den Strahlen der nahen Sonne ausgepresst und rinnen noch flüssig den kurzen Weg hinab ins Meer; die Gewalt der Stürme treibt dann das Harz hinüber ans andere Gestade. Prüft man den Stoff des Bernsteins im Feuer, so entzündet er sich wie ein Kienspan und nährt eine qualmende, riechende Flamme; dann verdickt er sich wieder zu einer Art Pech oder Harz.

An die Suionen reihen sich die Stämme der Sitonen[125], sonst ähnlich und nur dadurch unterschieden, dass ein Weib sie beherrscht. So sehr ist bei ihnen nicht nur die Freiheit, sondern noch die Knechtschaft entartet.

---

123 *Bernstein*, gelber Schmuckstein aus fossilem Harz, ein uralter Schmuck, wird über die ›Bernsteinwege‹ zu Land und zur See nach Südeuropa gebracht. Siehe die Anschauung, dass von den Enden der Welt kostbare Schätze kommen, bei Herodot. – *glesum*: Glas, das Glänzende

124 *Landtiere*: Martial nennt die Viper

125 *Sitonen* östlich von den Suionen sind Finnen (Kvänen; Anklang an gotisches qêns, Weib, queen): daher der Bericht über die Frauenherrschaft. Höhepunkt der Steigerung: Goten, Suionen, Sitonen immer unbeschränkter regiert, immer märchenhafter bis zur Frauenherrschaft

29. Die zweifelhaft germanischen Bastarner und Veneden, nebst den ganz ungermanischen Finnen

Hier endet denn Suebien. Ob ich nun die Stämme der Peuciner[126] und der Veneter[127] und Fennen[128] zu den Germanen oder Sarmatern rechnen soll, weiß ich nicht recht. Die Peuciner zwar, von manchen auch Bastarner genannt, zeigen in Sprache und Sitte, nach Siedlung und Hausbau germanisches Wesen. Freilich sind sie alle ungepflegt und ihre Vornehmen träge; und Wechselheiraten haben auch schon zu sarmatischer Missgestalt geführt. Die Veneter haben viel von sarmatischer Lebensweise angenommen: alles Wald- und Bergland, das sich zwischen Peucinern und Fennen erhebt, durchstreifen sie in räuberischen Haufen. Doch zählt man sie eher noch als Germanen, weil sie feste Wohnungen haben, Schilde tragen und gern als schnelle, rüstige Fußgänger auftreten; dies alles im Gegensatz zu den Sarmatern, die auf ihren Wagen und zu Pferde leben. Die Fennen sind ein erstaunlich wildes, abstoßend armes Volk. Sie haben keine Waffen, keine Pferde, kein Heim; Kräuter sind ihre Nahrung, Felle ihr Gewand, der Erdboden ihre Lagerstätte. Nur ihren Pfeilen vertrauen sie (denen sie, weil Eisen mangelt, beinerne Spitzen geben).

Jagd muss gleicherweise Männer wie Frauen ernähren: diese ziehen überall mit und heischen ihren Teil von der Beute. Ihre Kinder haben keine andre Zuflucht vor Regen und wildem Getier als ein Schutzdach von verflochtenen Zweigen. Dahin kehren auch die Erwachsenen

---

[126] *Peuciner* ein anderer Name für die Bastarner, das östlichste Germanenvolk (von der Weichsel durch Galizien hin zur Donaumündung), auch das zuerst, schon den Griechen, 200 v. Chr. an der unteren Donau bekannte.

[127] *Veneter*: Wenden, das germanische Wort für Slaven

[128] *Fennen*: Finnen. Die Schilderung bezieht sich nur auf ihr Leben im Sommer

zurück, dort bergen sich die Alten. Aber glücklicher dünkt sie dieses Los, als hinter dem Pfluge zu keuchen, an Bauten zu frohnen und eignes und fremdes Gut ewig in Furcht und Hoffnung zu bedenken: unbekümmert um Menschen, unbekümmert um Götter haben sie das Schwerste erreicht, selbst auf Wünsche verzichten zu können.

Darüber hinaus beginnt das Reich der Fabel. So sollen Hellusier und Oxionen[129] Menschenköpfe und menschliches Antlitz haben, aber Leib und Glieder von Tieren. Das ist unverbürgt, und ich will es nicht weiter verfolgen.

---

129 Die *Hellusier* sollen ›Hirschartige‹, die *Oxioner* ›Ochsenartige‹ sein, vielleicht nach den Tierfellen, die sie tragen; und daher wohl auch die Fabel

Begleitwort des Übersetzers

WAS IST DIESES BUCH, gewöhnlich ›Germania‹ genannt? Vielleicht eine Schilderung, vielleicht eine Schrift für den Tag und seinen Zweck; sicher ein Kunstwerk. Wohl aber das älteste Buch von den deutschen Landschaften und ihren Bewohnern, schon darum kostbar; aber auch, weil es so vieles weiß und bewahrt hat. *[gekürzter Anfangssatz; red.]*

Vor Tacitus haben wohl, und schon früh, Griechen und Römer über die Germanen berichtet. Pytheas aus Massilia kam im vierten vorchristlichen Jahrhundert auf einer Entdeckerfahrt bis zu der Insel »Thule« (Island?) und an die Küste der Nordsee; die Nachrichten des Poseidonios stehen an der Wende des zweiten zum ersten; Strabon behandelt Germanien in einem Buche seiner Geographie.

Die ältesten römischen Quellen sind spärlich auf uns gekommen. Erst Cäsars Kriege in Gallien und seine Aufzeichnungen darüber bringen größere Klarheit; deutlich trennen sie, zum ersten Mal, Germanen und Gallier. Was Tacitus bei Sallust und Livius (im 104. Buch seiner Römischen Geschichte) finden konnte, ist längst verloren; verloren auch ein Werk des Aufidius Bassus über die Germanenkriege und seine Fortsetzung durch den älteren Plinius. Erhalten aber des Plinius Historia naturalis, die Geschichte des Velleius Paterculus und die Geographie des Pomponius Mela; auch die Reichskarte des Agrippa, soweit sie in der vom Mittelalter aufgezeichneten Tabula Peutingeriana nachwirkt.

Was vor ihm geschrieben wurde, wird Tacitus gekannt haben. Soldaten, Händler, Beamte aus Germanien gaben ihm neue Kunde. So ist sein Buch der Wissenschaft unschätzbar geworden, zumal da es immer mehr durch fortgesetzte Forschungen und besonders Grabungen bestätigt wird. Aber auch jenseits von allem Wissen, auch dort, wo er irrt, ist uns Tacitus teuer als Mensch, als Mann, als Künstler. Und die Größe seines Geistes und seiner Erscheinung mag sein Werk sicherer durch die Jahrhunderte getragen haben als der bloße Inhalt.

Dennoch dankt man es wohl einem Bedürfnis des Tages. Es war im Jahre 98 nach Christi Geburt. Trajan, der neue Kaiser, weilte lange an den Grenzen Germaniens; in Rom fiel das auf. Da erschien die Schrift des Tacitus. Sie wollte zeigen, wer diese gefährlichsten Feinde Roms seien, und dass der Kaiser gut daran tue, viel Zeit an die Sicherung der Grenze zu wenden und an nichts anderes; dass es insbesondere falsch sei, außer an den Schutz des Reiches noch an einen Angriff zu denken, den eine Kriegspartei erwog. Man darf annehmen, dass der Kaiser, dessen Hause Tacitus nahe stand, die Schrift billigte.

Der Verfasser hat seinen Zweck freilich mit keinem Wort verraten. Dennoch spricht viel für diese Annahme des großen Müllenhoff[130]. Tacitus schildert nur – und schildert als Künstler. Der Plan des Ganzen ist wie jede Einzelheit, jedes Wort bedacht. Land, Eigenart, Abstammung, Leben des Volkes, dann, vom Nächsten und Bekannten ausgehend und sich immer mehr in »romantische« Ferne verlierend, seine einzelnen Stämme und Landschaften, bis er im Märchen endet. Mit knappen, dunklen Worten, oft als Dichter, in rhythmischer Sprache, der manchmal fast Verse, einmal sogar ein rechter Hexameter, vielleicht wider Willen, gerät. Jeder Absatz ist durch das zugespitzte Ergebnis einer Betrachtung deutlich bezeichnet. Niemals siegen nüchterne Angaben über den beziehungsreichen Bildner des Werkes, über den Meister.

Meister ist er auch als Mensch: ein Mann im altrömischen Sinn. Dabei verbittert und ergrimmt über seine feile, alle Freiheit erdrückende Zeit, unter einer besseren Regierung eben wieder aufatmend und von jener Sehnsucht erfüllt, die dazumal die Geister bewegt, der Sehnsucht nach einer neuen Welt der Einfachheit und Wahrheit. Vielleicht bringen sie die Germanen herauf: darum schildert er dieses kühne, furchtbare und lichte Volk fast wohlwollend, obwohl es Feinde und über kurz oder lang siegreiche Feinde sind. Denn das römische Reich, dem er angehört, steht vor dem Ende. Er aber, ein wissender Warner, will nicht unbemerkt dahingelebt haben.

So lassen ihn auch seine anderen Werke, so die kargen Nachrichten von seinem Leben erkennen. Er wurde etwa 55 nach Christo geboren und in der rhetorisch-politischen Schulung des Zeitalters herangebildet. Dann war er Staatsmann unter den flavischen Kaisern und zuletzt noch Statthalter in Asien. Mit der Tochter des britannischen Statthalters Agricola verheiratet, hielt er sich während der Verfolgungen

---

130 *Karl Viktor Müllenhoff* (1818–1884) war ein deutscher Wissenschaftler und germanistischer Mediävist

unter Domitian fern. Dann, unter Nerva und Trajan, stand er wieder in hohem Ansehen. Er scheint noch die ersten Jahre Hadrians erlebt zu haben.

Als Schriftsteller begann er, wahrscheinlich erst nach Domitians Tode hervortretend, mit dem *Dialog* über die Redekunst und ihren Verfall. Es folgte die Lebensbeschreibung seines Schwiegervaters *Agricola* und, noch im gleichen Jahre 98, die Germania. Dann die *Historien*, eine Geschichte seiner Zeit von Galba (67) bis zum Ende Domitians (96), und die *Annalen*, vom Tode des Augustus bis zum Ausgang des Nero. Die letzten beiden Werke sind nichts weniger als vollständig erhalten. In ihnen erst erschließt sich Tacitus ganz, »le plus grand peintre de l'antiquité«[131], wie ihn Racine nannte. Er hat immer nur auf Kenner und verwandte Naturen gewirkt, auf diese aber durch Jahrhunderte, und seine Zeit und Sendung ist noch lange nicht vorüber. Freilich muss man, nach einer Anmerkung Lichtenbergs[132], »sehr viel selbst mitbringen, um ihn zu verstehen«.

* * *

Die »Germania« wird 865 von Rudolf von Fulda zitiert. Dann bleibt sie lange verschollen. Im Auftrage des Papstes Nikolaus V. reist Enoche von Ascoli nach Frankreich und Deutschland, um alte Handschriften zu suchen, und bringt die »Germania« und den »Dialog« 1455 nach Italien. (Die Handschrift, die beide Werke enthielt, ist wohl in einem deutschen Kloster gefunden worden.) Später kommen andere Handschriften hinzu. Der Titel der Schrift lautet einmal »De origine, situ, moribus ac populis Germanorum«, ein andermal »De origine et situ Germanorum«. 1469 schon wird die »Germania« gedruckt. Wichtig sind die alten Ausgaben von Beatus Rhenanus und Justus Lipsius, beide aus dem 16. Jahrhundert; die neuen von Jakob Grimm (1833), Moritz Haupt (1855), Karl Müllenhoff (Germania antiqua, 1873); ferner Baumstark (1876), Schweizer-Sidler[133], zuletzt aufgelegt in der Bearbeitung von Schwyzer (1912).

---

131 *le plus grand peintre de l'antiquité*: der größte Maler der Antike

132 *Georg Christoph Lichtenberg* (1742–1799) war ein Physiker, Naturforscher, Schriftsteller, und gilt als Begründer des deutschsprachigen Aphorismus

133 *Heinrich Schweizer-Sidler* (1815–1894) war ein Schweizer klassischer Philologe

Diese unsere Übersetzung ist nicht die Arbeit eines Philologen. Sie geht von dem Künstler Tacitus aus und sucht den Rhythmus seiner Sprache und den Gehalt seines Wesens für Deutsche wieder lebendig zu machen.

Sie lehnt sich fast überall an den Text von Schweizer-Sidler an; die Deutung und namentlich die Erläuterungen (Fußnoten, red.) beruhen (von anderen Quellen abgesehen) auf seinem Kommentar, auf Baumstark[134] und vor allem auf der ausführlichen Erklärung der Germania, die Müllenhoff im 4. Band seiner Deutschen Altertumskunde bietet. Von den zahlreichen Übersetzungen wurden alle wichtigeren, soweit sie erreichbar waren, benutzt, insbesondere alle neuen und neu aufgelegten; von älteren namentlich die von Bötticher und Bacmeister.

Den Herren Dr. Friedrich Löhr, Sekretär des Archäologischen Instituts in Wien, und Dr. Gustav Kafka, Privatdozenten an der Münchner Universität, schuldet der Übersetzer für freundliche Ratschläge besonderen Dank. *Paul Stefan, 1913*

Kurzbiographie des Tacitus

PUBLIUS CORNELIUS TACITUS (58 bis ca. 120) stammte aus einer wohlhabenden Familie in Oberitalien und wurde durch seine Ausbildung wohl schon von Kindesbeinen an auf eine Karriere im römischen Staatsdienst vorbereitet. Er begann seine Laufbahn als Rechtsanwalt, seine intellektuelle Brillanz ließ ihn bald in höchste Ämter aufsteigen, bis hin zum römischen Konsul und Senator. Als nach der Ära des tyrannischen Kaisers Domitian freie Rede wieder möglich war, nahm Tacitus im Alter von etwa 40 Jahren seine schriftstellerische Tätigkeit auf. Hauptwerke sind die ›Annalen‹ und die ›Historien‹, die der römischen Geschichte in den Jahren 14 bis 96 nach Christus gelten. Sein heute bekanntestes Werk ist die kurze ›Germania‹. – Sowohl als Redner als auch als Schriftsteller ragte Tacitus weit über die meisten seiner Zeitgenossen hinaus. Das Latein seiner Texte gilt als stilbildend und vorbildlich – ein Grund, warum er bis heute als Schullektüre genutzt wird. Tacitus' scharfe und sprachlich brillante Analysen haben das moderne Bild vom Römischen Reich im 1. Jahrhundert n. Chr. wesentlich geprägt.

---

[134] *Anton Baumstark* (1800–1876) war ein deutscher Philologe und früherer Übersetzer der *Germania*